MEMÓRIA FOTOGRÁFICA

Técnicas de Memória Básicas e Avançadas para Melhorar a Memória

-

Regras Mnemônicas e Estratégias para Melhorar a Memorização

EDOARDO
ZELONI MAGELLI

MEMÓRIA FOTOGRÁFICA

ISBN: 978-1-80144-919-9 – Dezembro 2020 - Versão original: Memoria Fotografica: Tecniche di Memoria di Base e Avanzate per Migliorare la Memoria - Tecniche Mnemoniche e Strategie per Migliorare la Memorizzazione (Agosto 2019)

Autor: Psicólogo, Empresário e Consultor. Edoardo Zeloni Magelli, nascido em Prato em 1984. 2010, logo após graduar-se em Psicologia do Trabalho e da Organização, ele lançou sua primeira empresa start-up. Como empresário, ele é o CEO da Zeloni Corporation, uma empresa de treinamento especializada em ciências mentais aplicadas aos negócios. Sua empresa é um ponto de referência para qualquer pessoa que queira realizar uma ideia ou um projeto. Como um cientista da mente, ele é o pai da Psicologia Primordial e ajuda as pessoas a potencializar suas mentes no menor tempo possível. Um amante da música e dos esportes.

UPGRADE YOUR MIND → zelonimagelli.com

UPGRADE YOUR BUSINESS → zeloni.eu

ÍNDICE

"A memória é o tesouro e
guardião de todas as coisas"

MARCUS TULLIUS CICERO

Introdução

Os historiadores remontam a memória até os dias de Aristóteles 2.000 anos atrás. Na verdade, foi Aristóteles quem primeiro tentou entender a memória quando afirmou que os seres humanos nascem como uma lousa em branco. Isto significa que tudo o que sabemos só é aprendido depois de nascermos. De certa forma, ele estava certo, já que a maior parte do que aprendemos e lembramos acontece no decorrer de nossas vidas.

Este livro não pretende ser apenas um guia para iniciantes, mas também um dos livros mais abrangentes sobre como melhorar a memória fotográfica.

Enquanto a maioria dos livros no mercado se concentra em técnicas básicas ou avançadas, Memoria Fotográfica analisa a estratégia de ambos. Além disso, serão discutidos métodos que você pode usar em sua vida diária para melhorar sua memória com tarefas cotidianas.

O capítulo 1 é uma introdução à sua memória. Você deve ser capaz de compreender o que é, como funciona e quais são as suas partes antes de finalmente poder compreender uma parte da sua memória. Este capítulo discutirá o processo da memória e o que pode interferir nele. Fora isso, você poderá identificar vários tipos de memória antes de acessar a principal, que é a memória fotográfica.

O Capítulo 2 trata do porquê você gostaria de melhorar sua memória fotográfica. Afinal, se você vai investir seu tempo e energia no aprendizado de todas as técnicas básicas e avançadas relacionadas, você deve conhecer os benefícios de melhorar sua memória fotográfica. Por exemplo, o que você pode fazer pelo seu desempenho acadêmico?

O capítulo 3 discute as mudanças de estilo de vida que você pode precisar fazer no máximo esforço em melhorar sua memória. Um dos tópicos que discutirei neste capítulo é a importância de se exercitar e dormir o suficiente para ter uma mente saudável. Você também verá como comer saudável e tomar suplementos ajudará a melhorar sua função cerebral.

Além disso, você precisa observar seu nível de estresse. Você pode estar se perguntando: que relação o estresse tem com a memória? Algumas pessoas dizem que o primeiro pode ser bom para o segundo, mas outras acreditam que o estresse pode afetar negativamente a memória, especialmente se se tornar crônico.

O Capítulo 4 analisa o que as pessoas consideram a base ou técnica mais importante para construir sua memória fotográfica: o Palácio da Memória. Isso também é conhecido como o palácio da mente ou método loci. Se você já fez uma pesquisa anterior sobre o assunto, provavelmente encontrará termos semelhantes relacionados a ele. No entanto, por causa deste livro, vou me referir a ele como o palácio da memória. Neste capítulo, você não apenas aprenderá sobre o palácio da memória, mas também será capaz de configurar seu primeiro palácio da memória à medida que passarmos por cada estágio. Então você pode descobrir se pode ter mais de um palácio da memória.

O Capítulo 5 discutirá o Olho da Mente. Muito provavelmente, se você tem pesquisado como melhorar sua memória ou algum tópico relacionado, você conhece o conceito do olho da mente.

No entanto, no que diz respeito à memória, o que isso significa? Além disso, quais informações importantes você precisa saber para ter certeza de que o olho da mente está funcionando corretamente? Afinal, essa é uma parte importante da sua memória, então você precisa garantir que ela esteja o mais clara possível. Caso contrário, você pode ter dificuldade em usá-lo. Um aspecto específico que você aprenderá é como observar e reservar um tempo para anotar as informações que manterão sua mente atenta.

O Capítulo 6 gira em torno de Mapas Mentais. Este é um capítulo importante porque muitos iniciantes costumam confundir o palácio da memória com o mapeamento mental. Mesmo que você encontre semelhanças entre os dois, eles também têm muitas diferenças. Neste capítulo, vou guiá-lo para a maneira correta de criar seu próprio mapa mental com a informação necessária.

Você pode descobrir que gosta mais de mapear a mente do que de criar um palácio mental. No entanto, ambos são extremamente importantes para você aprender e praticar conforme sua memória melhora.

O capítulo 7 trata da Mnemônica. A mnemônica é um conjunto de métodos e estratégias para desenvolver e cultivar o uso de poderes mnemônicos. Esta é outra técnica importante quando se trata de melhorar sua memória. Mesmo assim, você não somente aprenderá como realizar uma regra mnemônica. Você também aprenderá os três princípios fundamentais que andam de mãos dadas com a mnemônica, tais como localização, imaginação e associação. Você também entenderá que tipos de regras mnemônicas existem. Neste capítulo, você descobrirá qual regra mnemônica é sua favorita e em que você terá que trabalhar um pouco mais.

O Capítulo 8 descreverá uma variedade que muitas pessoas acham as técnicas de memória mais fáceis de usar. Naturalmente, é importante conhecer dois fatores quando se trata de técnicas que você vai considerar fáceis. Primeiro, a maioria das técnicas podem parecer inicialmente difíceis. Entretanto, uma vez que você praticar alguma ou mais vezes, você começará a perceber como elas são fáceis. Em segundo lugar, o nível de facilidade desde o início depende de sua personalidade. Só porque alguém diz que Memory Hooks é uma das técnicas mais fáceis, não significa que seja a correta para você. Portanto, não deve desanimar se você achar que esta é uma técnica mais difícil do que as técnicas avançadas do próximo capítulo.

Além de aprender sobre o Princípio de Observação, por que escrever informações é importante, e o Método Chunking, você receberá dicas sobre como ajudá-lo a memorizar informações de forma eficiente. Embora nem todas as técnicas se concentrem na memorização, a maioria o faz. Como algumas pessoas têm dificuldade com a memorização, eu senti a necessidade de incluir algumas técnicas para ajudá-lo a alcançar o maior sucesso com a memorização. Em alguns métodos, discutiremos com que frequência você deve ouvir as gravações ou escrever informações.

O capítulo 9 se concentrará no que algumas pessoas chamam de técnicas avançadas para melhorar sua memória fotográfica. Neste capítulo, discutiremos o Sistema Word-Clamp, Palavra-gancho, Palavra-chave, (Peg System), o Método Automóvel, o Método Militar, e como memorizar um baralho de cartas.

Em algum momento, todos nós temos dificuldade para lembrar números e nomes. Portanto, o capítulo 10 se concentrará em nos ajudar com alguns dos melhores métodos. Por exemplo, quando se trata de nomes, você aprenderá que uma das técnicas mais populares é chamada de Meeting Place Connection. No entanto, existem duas outras conexões, que são as conexões de caráter e aparência. Ao ler sobre números, você aprenderá que pode usar o Método das Formas Numéricas e a Técnica de Viagem. Você também deve observar que já leu sobre o método de agrupamento em um capítulo anterior. É importante lembrar que este último também funciona muito bem quando se trata de memorizar números.

O Capítulo 11 não apenas fornecerá dicas para obter mais sucesso no aprimoramento da memória, mas também o ajudará a aprender sobre autodisciplina. Existem várias dicas que você pode usar para melhorar sua memória, como manter o foco e evitar a procrastinação.

O Capítulo 12 é o tipo de seção vista como uma seção adicional. Ele lhe oferecerá alguns exercícios para que você possa praticar algumas das técnicas, se ainda não tiver feito isso quando chegar a este capítulo. No entanto, uma das melhores partes deste capítulo é que ele contém um método extra, o Método Baseado em Emoção. Embora a maioria das técnicas de memória fotográfica se concentrem na memorização, existem algumas técnicas que giram em torno da emoção. É importante focar nisso porque a emoção é uma das melhores maneiras pelas quais as pessoas serão capazes de codificar, armazenar e recordar informações em seu banco de memória. Esta é uma técnica adicional que descreve uma história fictícia sobre uma garota chamada Alessandra. Você lerá a história e escreverá as emoções que sentiu ao longo da história. Ao mesmo tempo, você poderá prestar atenção em coisas como expressões faciais enquanto visualiza a história em sua mente como se estivesse assistindo a um filme.

Antes de mergulhar no que você precisa aprender sobre sua memória, é importante lembrar que você deve ser paciente ao empregar algumas das técnicas. Você não quer ficar sobrecarregado ao tentar aprender cada uma das técnicas encontradas no livro à medida que o lê. Você nunca deve se forçar a aprender as técnicas para melhorar sua memória, pois isso lhe dará uma visão negativa de quanto trabalho realmente requer para fazer. isso. Na verdade, melhorar sua memória é uma das medidas mais benéficas que você pode tomar quando se trata de sua saúde mental. Não apenas você será capaz de se lembrar das coisas com mais facilidade, mas também será capaz de diminuir a probabilidade de adquirir doenças cognitivas como a demência.

Lembre-se de que o processo de aprendizado deve ser lento e constante enquanto você lê o livro. Você não precisa aprender as técnicas enquanto as lê. Na verdade, é melhor você ler e entender antes de tentar praticar. Isso o ajudará a encontrar a maneira mais prática de começar a melhorar sua memória. Por fim, é importante que você entenda que seu aprendizado não termina aqui. Você pode continuar a construir sua memória por meio dos meus próximos dois livros desta série. O segundo, denominado Treinamento de Memória, concentra-se no treinamento do cérebro e nos jogos de memória.

Depois disso, você deve consultar o terceiro livro da série Upgrade Your Memory, conhecido como: Melhore sua Memória. Este último completa o trio e se concentra em hábitos saudáveis que você pode empregar em sua vida para desenvolver sua memória.

1. Conheça sua Memória

A memória é um dos aspectos mais importantes da vida. Ela nos ajuda a armazenar informações, não nos proporciona um senso de identidade e atua como uma biografia de nossas vidas. Tudo o que sabemos permanece em nossa memória, que está alojado em nosso cérebro.

Precisamos dele para realizar tarefas, assim como para lembrar eventos, lugares, nomes e responsabilidades de trabalho. Se não fosse por nossa memória, não poderíamos nos comunicar, saber os nomes dos animais, amigos ou família, e até mesmo realizar tarefas cotidianas.

Todos nós sabemos algo sobre memória. Entendemos o que ela faz e como é importante. Sabemos que se trata de um sistema extremamente complexo que os cientistas estudam há décadas. Seu objetivo final é entender como e por que funciona do jeito que funciona.

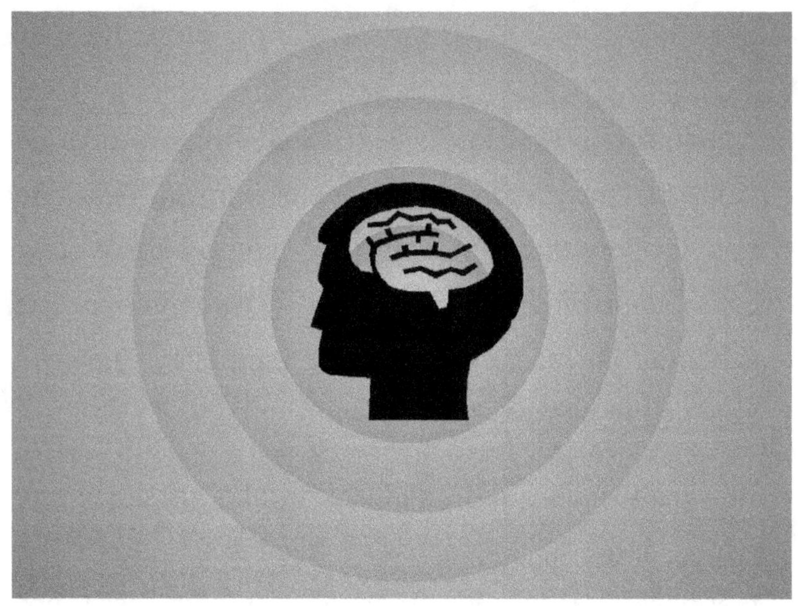

O processo da memória

O processo de memória consiste em três etapas.

Codificação

A codificação é a primeira etapa em termos de processamento de memória. Neste ponto, as informações começam a ser direcionadas para nossa memória, para que possamos lembrá-las mais tarde. Se não estiverem codificadas, não teremos nenhuma memória delas. Como a informação vem de nosso sistema sensorial, ela é transformada a um formato com o qual a codificação possa funcionar. Por exemplo, ao olharmos para uma palavra em um livro, nossa memória a codificará através do som, da visão ou do significado. Estas são as únicas três maneiras de codificar.

Quando codificamos novas informações em nossa memória, nós as conectamos a algo que já sabemos. Por exemplo, se você precisa lembrar o número 3121, você pode cantar os números pela forma como soam juntos. Você também pode encontrar um significado dentro da lista de números ou lembrá-los como uma imagem. Não importa como você pensa sobre estes dígitos, você será capaz de conectar o número 3121 com algo que já conhece. Há outras maneiras de nossos cérebros codificarem os dados. A primeira é através de um processo automático. Isto significa que não estamos cientes do que estamos fazendo. Não requer nenhum esforço de nossa parte. Exemplos de processamento automático são detalhes tais como horas ou datas. Além disso, há um processo trabalhoso que ocorre quando tentamos nos lembrar de eventos importantes, como estudar para um exame.

Armazenamento

O armazenamento é o segundo estágio do processo da memória, que se refere a quanto tempo retemos as informações. Existem vários fatores que influenciam o número de dias ou anos que um detalhe pode permanecer em nosso cérebro. Por um lado, depende da área de nossa memória em que as informações estão armazenadas. As únicas opções são: memória de curto prazo, memória de longo prazo e memória sensorial. Quando as informações são armazenadas em nossa memória de curto prazo, elas vêm da memória sensorial. Este tipo é limitado a um determinado período de tempo.

Normalmente, retemos as informações na memória de curto prazo por cerca de um minuto. Você usa a memória de curto prazo ao tentar lembrar uma mensagem para que possa anotá-la rapidamente. Há uma quantidade limitada de espaço em nossa memória de curto prazo, pois ela contém apenas cerca de sete informações em média.

Por outro lado, não há limites quando se trata de memória de longo prazo. Podemos reter informações nessa área pelo resto de nossas vidas. No entanto, isso não significa que possamos recuperar as informações o tempo todo quando quisermos. Como você recupera as informações depende do método usado ao processá-las.

A memória sensorial conterá muitas informações detalhadas, mas apenas por alguns segundos. Posteriormente, as informações serão transferidas para a memória de curto prazo ou permanecerão sem processar. Os outros fatores que influenciam o tempo são nossa idade, quaisquer problemas de memória, o fascínio dos detalhes, como codificamos as informações e o nível de importância das informações.

Recuperação

A recuperação é a terceira etapa do processamento da memória e ocorre quando retiramos informações do armazenamento. Tentar resgatar ideias nos permitirá saber se elas estão em nossa memória de curto e longo prazo. Se as informações fizerem parte do acima exposto, poderemos recuperá-las da mesma forma como as armazenamos.

Por exemplo, se nos lembrarmos de uma lista de números em uma determinada ordem - digamos 21314151 - lembraríamos exatamente da mesma maneira. Por outro lado, quando a informação é recuperada de nossa memória a longo prazo, ela é feita por associação. Você pode pensar em algo por sua conexão com uma imagem ou emoção. Há inúmeros fatores que podem afetar a etapa de recuperação, como quais outras informações foram armazenadas desde então e como essa memória foi salva. Se você está tentando lembrar de um evento de cinco anos atrás, por exemplo, você terá mais dificuldade para recuperar as informações do que algo que você tinha em mente há cinco meses. Você também pode recuperar um evento mais facilmente se você usar certos sinais, como som ou imagem.

Há três tipos principais de recuperação.

1. Lembrança Livre (Rememoração)

Isso ocorre quando as pessoas podem lembrar as informações em qualquer ordem. Esse tipo tem dois efeitos, o efeito de recência e o efeito de primazia. O primeiro ocorre quando uma pessoa pensa na última coisa da lista em vez de no que está no topo. O oposto disso é o efeito de primazia, em que os itens iniciais são mais fáceis de lembrar do que aqueles no final da lista.

2. Lembrança em Série (Rememoração indexada)

Os efeitos de primazia e recência também fazem parte da recordação serial. Isso ocorre quando você se lembra dos eventos na ordem em que aconteceram. Por exemplo, se você fizer sua caminhada matinal e vir um homem passeando com o cachorro, um grupo de crianças pulando um irrigador e uma mulher carregando mantimentos para casa, você se lembrará dessas atividades na ordem exata. Você provavelmente se lembra das informações por meio de uma série de imagens que codificou em sua memória.

3. Lembrança por Sinais (Reconhecimento)

A recuperação por sinais ocorre quando você processa informações junto com certos sinais. Vários estudos psicológicos foram conduzidos para mostrar que as pessoas que usam memórias de sinais lembram-se melhor das informações à medida que a ligação entre as informações e os sinais é mais forte.

Costumamos usá-las ao procurar informações que se perderam em nossa memória.

Interferências no Processo da Memória

O processo da memória nem sempre acontece tão bem quanto esperamos. Na verdade, várias interferências podem ocorrer quando tentamos processar e recuperar informações.

1. Interferência Retroativa

A interferência retroativa ocorre quando você aprende algo novo logo após obter informações diferentes. Podemos experimentar isso normalmente em uma sala de aula, pois passamos 50 minutos aprendendo a lição do dia. Começamos sentindo que somos capazes de lembrar tudo o que nos foi ensinado. No entanto, quando a aula termina, não retemos muito do que ouvimos no início. A razão é que, à medida que continuamos a aprender coisas novas, as mais novas podem interferir com as informações antigas, especialmente se vierem em intervalos curtos.

2. Interferência Proativa

A interferência proativa ocorre quando você tem problemas para obter novas informações devido a coisas que já estão instaladas na sua memória de longo prazo. Geralmente acontece quando as informações que você está tentando armazenar são semelhantes às que você aprendeu anteriormente. Por exemplo, você está tentando lembrar seu novo endereço, mas tem problemas porque seu cérebro está acostumado com o antigo.

3. Falha na Recuperação

A falha de recuperação ocorre porque as informações começaram a se deteriorar em sua memória. É semelhante a quando você tem dificuldade para lembrar como preparar uma refeição porque não cozinha há anos ou então como resolver um problema algébrico. É importante ressaltar que algumas pessoas acreditam que existem quatro estágios no processamento da memória, não três. Enquanto a maioria concorda com codificação, armazenamento e recuperação como os estágios oficiais, outros dizem que o primeiro estágio é a atenção (Tipos de memória, n.d.).

As informações que você vai codificar, supostamente, precisam primeiro chamar sua atenção. Se você não passou por essa fase, não será capaz de lembrar muitas coisas. Pense na última vez em que ouviu algo interessante em comparação com algo desinteressante. Você provavelmente se lembrará do primeiro, pois ele "chamou mais sua atenção" com relação ao último.

Tipos de Memória

Você já conhece alguns tipos de memória: de curto prazo, sensorial e de longo prazo. No entanto, eles são divididos em alguns subtipos que você também deve aprender.

Memória Sensorial

A memória sensorial está sujeita aos cinco sentidos: visão, audição, paladar, olfato e tato. Portanto, os subtipos estão relacionados a pelo menos um de seus sentidos.

1. Memória Icônica

A memória icônica faz parte da sua memória visual. Está relacionada à sua visão, como ver cores brilhantes contra um fundo preto. Através dos subtipos, as cores serão codificadas em sua memória.

Portanto, você pode se lembrar das formas e cores de certos objetos, mas talvez não do contexto. A memória icônica nos permite lembrar coisas ou imagens vistas mesmo por alguns momentos.

2. Memória Háptica

A memória háptica geralmente dura alguns segundos. É o processo de reconhecimento de objetos por meio do toque. Responda ao que sentimos, como uma picada, um abraço, etc. Quando sentimos que algo está frio, por exemplo, essa é a nossa memória háptica tentando infundir em seu cérebro que o gelo está frio.

3. Memória Ecoica

Quando a memória tenta converter o que acabamos de ouvir em nossa memória de curto prazo, ela está usando a memória ecoica.

Funciona quando sua mente repete a informação enquanto tenta se lembrar de uma mensagem que você deseja anotar. Leva apenas três a quatro segundos antes que a ideia passe para a nossa memória de curto prazo. Muitas pessoas acham que existem dois outros subtipos de memória sensorial que estão relacionados ao nosso olfato e paladar. O problema é que eles ainda não foram estudados. Além disso, os cientistas começaram recentemente a estudar as memórias icônicas, hápticas e ecoicas. Embora isso signifique que pouco se sabe sobre os subtipos mencionados acima, sabemos que o que começa com nossa memória sensorial geralmente é transferido para nossa memória de curto prazo.

Memória de Curto Prazo

A memória de curto prazo inclui a memória de trabalho. Embora sejam semelhantes no sentido de que retêm informações por um curto período, também existem diferenças entre ambas.

A memória de curto prazo geralmente usa técnicas - por exemplo, o *Método de Chunking* - que permite reter mais informações do que o normal. Em vez de lembrar sete nomes, por exemplo, você será capaz de lembrar 14 nomes porque pode agrupá-los. Enquanto isso, a memória de trabalho é a parte da memória de curto prazo que retém informações por meio de um processo de loop auditivo ou visual. Isso significa que as informações serão reproduzidas continuamente em repetição, para que você não as esqueça rapidamente.

As informações na memória de trabalho são frequentemente manipuladas, o que as torna mais fáceis de lembrar por algum tempo. Existem três fases na memória de trabalho. O primeiro é o *Loop Fonológico* (Alça fonológica), que acabamos de discutir. A segunda fase é a *Agenda Visuoespacial*, que geralmente funciona com a primeira fase. Por exemplo, se você precisa se lembrar de um número de telefone de sete dígitos, vai se lembrar melhor se além de repeti-lo - loop fonológico - também usar imagens, que é a agenda visuoespacial.

A terceira é a *Fase Executiva Central*, que combina o laço fonológico e a agenda visuoespacial em um. Nesse ponto, a memória de trabalho está conectada à memória de longo prazo, sendo que o executivo central irá repassar as informações para esta.

Memória de Longo Prazo

Se você quiser se lembrar do que fazer amanhã, você precisa armazenar essa informação na sua memória de longo prazo hoje. Este é o único tipo de memória que preservará para sempre o que você aprendeu. Agora, a memória de longo prazo tem dois subtipos principais.

1. Memória Implícita

As pessoas costumam se referir à memória implícita como memória inconsciente. Esse tipo se refere à atividade que aprendemos com o tempo. Por exemplo, quando tentamos desenvolver nossas habilidades, estamos usando nossa memória implícita. Também funciona quando começamos a fazer algo sem pensar no assunto, como digitar no teclado sem olhar para as teclas, amarrar o cadarço e lavar a louça.

2. Memória Explícita

A memória explícita é comumente conhecida como memória consciente. Esta é a memória que usamos quando pensamos sobre nossas ações. Essencialmente, é o oposto da memória implícita. Esse subtipo, entretanto, é dividido em duas partes.

A primeira divisão é a *Memória Episódica*, que se concentra em momentos específicos de que você se lembra. Por exemplo, você pode se lembrar de ter passado o dia 4 de julho com seus avós quando era mais jovem. Você também pode se lembrar vividamente de partes do evento, como ficar na traseira do caminhão vermelho de seu avô para assistir a fogos de artifício, comer em uma mesa de piquenique branca e ver a fazenda de seus avós. Em geral, você tem lembranças do quê, onde, quando e quem, tudo relacionado a uma ocasião particular.

Outro exemplo de memórias explícitas ou flash (como algumas pessoas chamam) envolve lembrar exatamente onde você estava quando ouviu que Martin Luther King Jr. havia sido baleado ou quando os ataques de 11 de setembro de 2001 ocorreram.

A segunda divisão é a *Memória Semântica*, que se refere à recuperação de informações objetivas. Estas geralmente vêm de livros escolares, lugares ou conceitos que você ouviu ou viu antes. Os fatos da vida que aprendemos ao longo do tempo também estão codificados nesse tipo de memória. Digamos que você possa se lembrar do que fazer quando for ao supermercado. Você sabe que tem de pegar os itens de que precisa, pagar por eles e sair da loja.

Memória Fotográfica

Um tipo de memória que as pessoas não discutem com frequência é a memória fotográfica. Imagine ser capaz de se lembrar de uma pessoa, lugar ou objeto simplesmente porque você tem uma imagem dele em sua mente e ser capaz de descrevê-lo em detalhes. Você pode se lembrar do design da camiseta Double Excess do seu amigo, as principais palavras que você lê em uma página de um livro ou mesmo as músicas da lista do DJ em ordem.

Memória Eidética é frequentemente outro nome para memória fotográfica. No entanto, há uma distinção entre os dois. O primeiro se refere a quando você se lembra de uma imagem depois de se afastar dela. Você provavelmente olhou para um objeto, como um vaso, por alguns segundos e depois desviou o olhar. Se você ainda vê o vaso em sua mente e se lembra de suas cores e design, esta é sua memória eidética em ação.

No entanto, sua principal diferença da memória fotográfica é que a imagem permanece na memória por apenas alguns segundos. Quando você tem uma memória fotográfica, pode se lembrar de coisas por um longo período de tempo, uma vez que é armazenado em sua memória de longo prazo e não em sua memória sensorial ou de curto prazo, que é onde reside a memória eidética (Beasley, 2018).

É importante distinguir as duas e mantê-las em mente ao longo deste livro, bem como continuar a fazer sua própria pesquisa sobre memória fotográfica. Várias fontes usarão memórias eidéticas e fotográficas alternadamente, o que pode ser confuso para as pessoas. No entanto, contanto que você se lembre de suas diferenças, você pode facilmente atualizar sua memória.

Embora alguns indivíduos tenham memórias fotográficas mais fortes do que outros, não é porque nasceram com um dom especial. A razão mais realista é que eles usam diferentes técnicas para fortalecer sua capacidade de lembrar coisas.

2. Benefícios da Memória Fotográfica

Por que você deveria se interessar em aprender sobre memória fotográfica? Afinal, não é exatamente o que você provavelmente pensa que é. Você também pode sentir que tem uma memória muito boa.

Um fator a ter em mente - além da variedade de benefícios que discutiremos neste capítulo - é que a memória se deteriora. À medida que envelhecemos, será mais difícil para nós lembrar nossas memórias de infância, o que precisamos comprar no supermercado, por que entramos em uma determinada sala, etc. Um dos maiores benefícios de construir sua memória fotográfica é que você aprenderá dezenas de técnicas para desenvolver sua memória. Isso tornará seu cérebro mais enérgico e capaz de armazenar mais informações. Sem mencionar que pode retardar o processo de decomposição natural que nosso banco de dados da memória pode experimentar.

Você Terá Melhor Desempenho Académico

Uma das desvantagens de tentar se sair bem em um exame da faculdade é que você tem muitas informações para lembrar. No entanto, a verdade é que muitas vezes lutamos com a memorização porque estamos muito focados em palavras e definições. Quantas vezes você usou cartões de índice para lembrar o que uma determinada palavra significa? Esta é geralmente uma técnica que as pessoas usam quando se trata de memorização. No entanto, existem muitas outras técnicas utilizadas para melhorar a sua memória fotográfica que tornarão esta tarefa mais fácil para você. Na verdade, a memória fotográfica ajudou muitas pessoas a se saírem melhor na escola; é por isso que outro nome para esse termo é "memória de enciclopédia" ("The Good and Bad Things", n.d.). A razão é que as pessoas que estudam usando estratégias que lhes permitem melhorar sua memória fotográfica podem lembrar detalhes que outros alunos não conseguem.

Além disso, a memória fotográfica o ajudará a aprender diferentes técnicas para lembrar o que está aprendendo e mantê-lo em seu banco de memória por muito mais tempo.

Se você é ou já foi estudante universitário, entende o quão rápido suas aulas podem ser, especialmente no verão. Às vezes, você precisará estudar um ou dois capítulos inteiros de um grande livro em um período de aula. A memória fotográfica o ajudará a aprender mais em menos tempo. No entanto, ao fortalecer sua memória fotográfica, você não apenas olha as imagens, mas também se concentra no que ouve. Esse traço é especialmente importante quando você precisa destacar informações ou escrever suas anotações.

Você Lembrará Informações Muito Mais Detalhadas.

Quando se trata de memória fotográfica, não importa se você está tentando pensar em uma imagem ou em uma série de palavras. O que importa são as estratégias que o ajudam a lembrá-las.

O importante é ter certeza de que você tem uma boa memória fotográfica. Quanto melhor for sua memória fotográfica, mais informações e imagens você pode armazenar em sua mente. Pense quantas vezes você já tentou se lembrar de um detalhe que viu em uma fotografia, mas alguns minutos depois percebe que não tem ideia de onde está o abajur, da cor da camisa de uma pessoa ou de onde está a janela. Porém, com uma memória fotográfica, você poderá se lembrar facilmente de todos esses detalhes por um período mais longo.

A Memória Fotográfica Aumenta sua Confiança

Como você se sente quando não consegue lembrar informações que costumava saber? Como você se sente quando esquece o nome de alguém ou quais são seus interesses? Pense em quando você estudou para um teste, mas quando o fez, não conseguia lembrar muitas das coisas que aprendeu. Da mesma forma, quando você vai ao supermercado sem sua lista, pode ter dificuldade em lembrar o que precisa comprar. Existem muitas características da vida que tendemos a esquecer, incluindo a necessidade de comprar os biscoitos que nossos filhos levam para a escola ou dizer que não chegaremos em casa até a hora de dormir.

Como tantas pessoas, você se esqueceu de algo importante em sua vida que o deixou triste, frustrado ou com raiva. Quando você tenta dizer a si mesmo que essas são coisas normais que acontecem e tenta seguir em frente, sempre há uma parte que se apega à sua natureza esquecida à medida que você esquece mais e mais coisas. Às vezes, você pode até se perguntar se há algo errado com você.

Bem, é a minha vez de dizer que não há nada de errado com você. É muito comum não conseguirmos lembrar vários detalhes da nossa vida no decorrer do dia, independentemente de quão importantes possam ser para você.

Pode ser devido ao estresse, falta de sono, ter muitas coisas para lembrar, além de não ter um sistema organizado para isso. Outra razão é que você não tem uma boa memória fotográfica.

Como você só consegue se lembrar de aspectos importantes de sua vida por meio de uma memória fotográfica confiável, isto o ajudará a aumentar sua confiança. Você começará a sentir que consegue se lembrar do que precisa dizer aos seus filhos ou comprar algo na loja. Você também pode sentir que está sendo mais organizado, para poder pensar em tudo o que precisa fazer sem se preocupar com detalhes confusos ou deixar que isso o mantenha acordado quando tentar dormir.

Você Se Tornará Mais Atento

Muitas vezes nos envolvemos em uma tarefa ou começamos a pensar sobre ela incessantemente e não prestamos atenção ao que estamos fazendo. Isso é chamado *mindlessness* (ausência de mente) e pode causar muitos problemas em nossas vidas. Um exemplo de ausência de consciência é quando você dirige para o trabalho e não se lembra de ter passado por certos lugares. Por exemplo, um pequeno lago ou cidade. Por outro lado, você pode afirmar que está atento quando demonstra consciência do que está ao seu redor. Afinal, você sabe o que está fazendo e se lembra de suas ações.

Ao melhorar sua memória, você precisa estar mais ciente das informações que deseja reter. Você precisa começar a prestar mais atenção ao que está ao seu redor, bem como ao que está lendo, sentindo e ouvindo. À medida que você se torna mais consciente do que está ao seu redor, fica mais atento a tudo o que faz. Mesmo que não precise lembrar o evento, você saberá o que está fazendo e por que, em vez de fazer coisas sem propósito. Ficar mais atento irá ajudá-lo a levar uma vida mais saudável. Você estará mais ciente do que e quanto você come e quando se sentir satisfeito. Você também terá mais consciência de quantas horas dorme e quais pensamentos vêm à mente.

Em troca, você pode aumentar ainda mais sua autoestima e obter maior sucesso porque pode se concentrar mais em ideias positivas.

Você Se Tornará um Orador Público Mais Convincente

Muitos de nós temos empregos que exigem que falemos perante o público. Por exemplo, você tem que apresentar um novo produto ou ideia a um comitê, treinar novos funcionários ou trabalhar no atendimento ao cliente e sempre tem que falar com estranhos. Não importa qual seja sua linha de trabalho, a comunicação com dezenas de pessoas pode ser difícil, especialmente quando você precisa ser persuasivo. Se você já falou na frente de várias pessoas em uma sala, você sabe que deve manter o contato visual tanto quanto possível. Isso significa que você não deve segurar o papel com suas anotações, olhá-lo com frequência ou falar com ele. Se você tem dificuldade para falar em público ou parece que não consegue se lembrar do seu discurso, você terá dificuldade com o contato visual.

Uma vantagem de melhorar sua memória é que você será capaz de memorizar melhor suas anotações.

Você pode estudar e entender seu discurso, para não ter que gastar muito tempo olhando para seu papel de anotações para ter certeza de que está dizendo tudo o que você escreveu. Você não terá que se preocupar em perder a ideia ou encontrar as palavras certas para expressá-la. Em vez disso, você será capaz de ficar na frente de um grupo de pessoas e falar com confiança enquanto se lembra dos pontos principais de seu discurso. Isso certamente ajudará você a se lembrar do resto. Agora, a dica acima não é uma indicação de que você não deveria ter um papel com suas anotações na sua frente. Para ser honesto, a maioria dos palestrantes tem algum tipo de anotação nas mãos. No entanto, você deve evitar usá-los demais para manter contato visual com o público e se tornar mais persuasivo.

Seus Relacionamentos Serão Mais Profundos

As pessoas gostam da companhia de outras pessoas que se lembram de algo sobre elas. Isso as faz sentir que são importantes para você. E você gasta seu tempo tentando lembrar quais são suas comidas ou filmes favoritos, quantos filhos elas têm, se elas têm algum animal de estimação, qual é sua profissão e muito mais. Além disso, você se sentirá mais conectado a elas porque pode se lembrar de certas informações que outras pessoas podem não saber sobre elas. Isso pode ajudar em qualquer relacionamento, seja com seu parceiro, amigos, parentes ou colegas de trabalho.

Tornar-se-á Mais Produtivo

Quando sua memória começa a melhorar, você pode se sentir mais produtivo. Embora parte disso seja porque sua confiança aumenta, a outra razão é que você usa menos energia tentando se lembrar de algumas informações.

Quando pesquisamos nosso banco de dados da memória, usamos parte de nossa energia diária. Isso faz com que nos sintamos cansados e sem foco, pois perdemos nosso interesse e produtividade no processo.

Pense em como você começa a se sentir perto do final do dia de trabalho em comparação com como você se sentia no início do turno. Quando você vai trabalhar, sente-se com mais energia, porque seu corpo e sua mente ainda se sentem bem descansados. Sente que você está pronto para enfrentar o dia e realizar todas as suas tarefas. No entanto, com o passar do dia, você começa a desacelerar e a se sentir mais cansado. Isso ocorre porque você tem usado muito de sua energia diária tentando lembrar o que precisa fazer, como fazer e como resolver um problema.

Quanto mais você melhorar sua memória fotográfica, mais fácil será lembrar certas informações para suas tarefas. Então, quando o fim do dia chegar, você ainda sentirá que pode enfrentar o mundo.

Outros Benefícios

Há dezenas de benefícios quando se trata de melhorar sua memória. Embora eu não possa discuti-los todos neste livro, aqui está uma lista de benefícios que você terá assim que melhorar sua memória fotográfica.

- Você poderá se lembrar melhor de sua lista de compras, o que fará com que seja menos provável que você esqueça qualquer item.

- Você será capaz de lembrar o nome de alguém.

- Você será capaz de lembrar endereços muito mais facilmente do que antes.

- Você poderá se lembrar de todas as tarefas que precisa fazer para completar seu dia.

- Você será capaz de fazer cálculos mais facilmente.

- Você se lembrará de um número de telefone, conta bancária, PIN e qualquer outra sequência numérica muito mais facilmente.

- Você será capaz de aprender uma língua estrangeira mais facilmente, pois você terá uma melhor compreensão de seus termos e pronúncias.

- Você se lembrará mais das instruções

3. Melhorar o Estilo de Vida para Sua Memória

Se você sabe que tem hábitos de vida que pode mudar, é mais provável que sua memória melhore. É preciso muita energia para o seu corpo funcionar ao longo do dia. Por isso, você precisa se alimentar bem, dormir o suficiente e adotar outros hábitos saudáveis.

Este capítulo não trata de garantir que você viva a vida melhor e mais saudável possível. É sobre como seu bem-estar afeta sua memória. Isso significa que quanto melhor você se sentir no geral, mais sua memória melhora. Algumas das mudanças que serão discutidas abaixo podem ser familiares a você, o que é uma coisa boa. Essas são as etapas comuns que as pessoas podem realizar para aumentar sua memória.

Praticar Exercícios

O exercício nem sempre é algo que queremos fazer, mas é necessário para nossa saúde geral. À medida que nos exercitamos, nos sentimos melhor física e mentalmente. Isto ajuda a melhorar nossa memória e diminui o risco de demência.

Vários estudos mostram a importância do exercício para a saúde mental. Não apenas os resultados mostraram que a secreção de proteínas neuroprotetoras é aumentada, mas também melhora o desenvolvimento neuronal. Além disso, existe um estudo com pessoas entre 19 e 93 anos que melhoraram o desempenho da memória ao usar uma bicicleta ergométrica por 15 a 20 minutos (Kubala, 2018).

Dormir o Suficiente

Como os exercícios, o sono também é importante quando se trata de nossa memória. Conforme discutido acima, quanto mais alerta você estiver durante o dia, mais energia terá para suas memórias. Uma ótima noite de sono mantém seu equilíbrio psicoemocional e, claro, com baixos níveis de ansiedade e estresse você será capaz de se lembrar melhor.

Dormir bem é muito importante para melhorar as funções cognitivas, como aprendizado, atenção e concentração. O sono é essencial para o desempenho cognitivo e desempenha um papel importante no processo de memorização. Enquanto dormimos, os traços amnésicos são melhorados, reativados e incorporados ao banco de dados de nossa memória de longo prazo.

Uma das principais razões pelas quais os distúrbios do sono afetam a memória é porque a transferência de memórias do banco de dados da memória de curto prazo para o banco de dados da memória de longo prazo é dificultada.

Quando você dorme o suficiente, ele ativa as partes do cérebro que conectam o processo com as células cerebrais. Portanto, quanto mais você dormir, mais fácil será a transferência ("Melhore sua memória com uma ótima noite de sono", n.d.). O sono REM é essencial para a consolidação da memória. Foi demonstrado que sem o sono REM a memória não é consolidada.

Além disso, nosso cérebro ainda está ativo quando estamos dormindo. Enquanto descansamos, conecta as informações que aprendemos de nossas memórias anteriores ou mais antigas. Ele frequentemente nos dá sonhos ou razões para ter Momentos "aha!" no dia seguinte. Pode nos permitir resolver problemas com os quais temos lutado ao longo do dia.

Comer Mais Saudável

Uma maneira de melhorar nossa função mental é comer mais saudável ou seguir uma "dieta de memória". Uma delas pode ser a Dieta Mediterrânea, que é conhecida por melhorar a memória e retardar o declínio cognitivo devido à idade. Consiste principalmente em frutas, legumes da estação, grãos inteiros, ervas, nozes, leguminosas e azeite de oliva extravirgem prensado a frio. Você também comerá mais peixe e frutos do mar do que carne vermelha ou magra. No entanto, você deve comer mais frango ou peru do que carne bovina ou qualquer outra carne vermelha.

Se você é um cidadão idoso, é melhor implementar a dieta MIND, que significa Intervenção Mediterrânea-DASH para Retardo

Neurodegenerativo e é semelhante à dieta Mediterrânea. De fato, vários estudos demonstraram que esta dieta ajuda a reduzir em 53% os sinais do mal de Alzheimer (Alban, 2018). No entanto, você deve consumir pelo menos três porções de grãos inteiros por dia, uma e uma onça de frutas secas. Você também deve comer saladas e alguns outros pratos de vegetais todos os dias, bem como frango e frutas vermelhas pelo menos duas vezes por semana. Os alimentos que você precisa comer mais de uma vez por semana incluem peixes e legumes.

Tomar Suplementos

Se você é como a maioria das pessoas, provavelmente tem uma vida agitada. Na verdade, você pode achar que não tem tempo suficiente para seguir uma dieta específica. Se você se identifica com isso, muitas pessoas aconselham tomar suplementos para a memória, como óleo de peixe, multivitaminas e curcumina.

É importante ressaltar que os comprimidos não devem substituir a quantidade de sono ou exercício que você precisa no dia a dia. Você ainda deve comer alimentos saudáveis, tanto quanto possível.

Monitorar o Estresse que Você Vive

Lidar com um pouco de estresse é bom para sua memória. Na verdade, o estresse agudo pode melhorar isso. No entanto, lidar com uma grande quantidade de estresse crônico pode causar perda de memória.

Você deve ter notado isso quando está se sentindo muito estressado. Esquece de ir às consultas médicas de seus filhos, comparecer a uma reunião de negócios, devolver os livros da biblioteca a tempo e fazer outras tarefas para completar seu dia. A maioria das pessoas começa a se preocupar com a perda de memória e teme que seja um sinal precoce da doença de Alzheimer ou de alguma outra condição. No entanto, embora seja sempre uma boa ideia ir ao médico para um check-up de rotina, é provável que você esteja sendo afetado por estresse crônico.

Por exemplo, Maria é uma mulher de 33 anos com três crianças com idades compreendidas entre 2 e 7 anos. Ela e o marido têm, cada um, dois empregos para sustentar a família, levar uma vida confortável, economizar para a faculdade dos filhos e para a aposentadoria. Maria está constantemente sob estresse crônico, trabalhando de 60 a 70 horas por semana, fazendo limpeza, sendo babá, cozinhando, certificando-se de pagar as contas em dia e fazendo outras tarefas. Ultimamente esquece de pagar as contas em dia, de levar seus filhos aos compromissos, de transferir dinheiro para as contas corretas e de comprar itens essenciais no supermercado.

Como Maria tem medo do que está acontecendo, ela marca uma consulta com seu médico clínico. O médico diz que o único problema é que ela está lidando com muitas coisas estressantes ao mesmo tempo. Para melhorar sua memória, um dos primeiros passos que deve dar é abandonar algumas delas.

Depois de falar com o marido, decidem que Maria vai largar o emprego a tempo parcial, o que lhe dará 20 a 30 horas por semana para cuidar da família e da casa. Desde então, Maria descobriu que pode se lembrar de fazer todas as suas tarefas novamente, pagar suas contas em dia e garantir que os filhos cumpram seus compromissos corretos.

Outras Maneiras de Melhorar Sua Memória

- Limitar seu consumo de álcool

- Deixar de fumar

- Meditar

- Manter sua mente estimulada

- Respirar Ar fresco

- Manter uma atitude positiva

- Sair e aproveitar sua vida

4. O Palácio da Memória

O Palácio da Memória também é conhecido como o *Método Loci* ou *Palácio da Mente* (loci é o plural da palavra latina locus, que significa "lugar"). Este conceito existe desde a Roma antiga e é essencial entender seu significado ao trabalhar para melhorar sua memória fotográfica.

O palácio da memória é um lugar imaginário em sua mente que se baseia em um lugar real. Por exemplo, você sabe como é o seu quarto sem necessariamente estar lá.

Você também pode descrever seu escritório de trabalho sem ter que estar dentro dele. Afinal de contas, você pode usar as imagens mentais em seu cérebro para conectar o que você precisa lembrar.

Como Funciona o Palácio da Memória?

Quando você pensa em um palácio da memória, você tem que pensar na construção de uma casa e entender como ela funciona. Você pode construir os cômodos de sua casa um a um, conforme precisar se lembrar de outras tarefas, como comprar coisas para enchê-la e construir outras áreas que você precisa para completar a semana. Com cada lista, você constrói uma nova sala em seu palácio da memória. Cada vez que você constrói uma sala ou adiciona informações a uma já existente, você continua a fortalecer seu palácio da memória. Esses detalhes serão armazenados em seu palácio e você pode recuperá-los a qualquer momento.

Configurando seu Palácio da Memória

Para explicar melhor como você deve configurar seu palácio da memória, vamos dar uma olhada em algumas dicas.

1. Escolher um lugar familiar

Neste caso você pode escolher qualquer lugar, mas precisa lembrar todos os detalhes dele. Por exemplo, se você escolher a sala de estar de sua casa, deverá lembrar sua forma ou a localização dos diferentes tipos de móveis. Se você escolher seu escritório, deverá poder fazer o mesmo. É sempre uma boa ideia dar uma olhada no quarto que você escolheu antes de prosseguir para garantir que você não se esqueça de nenhum detalhe essencial para o seu palácio da memória. Apesar de conhecermos os lugares que vemos todos os dias, podemos nos esquecer de certos objetos porque eles estão sempre lá.

Nós simplesmente não pensamos neles com muita frequência, então podemos não lembrar sua localização ao tentar criar o palácio da mente.

Quando chegar a hora de recuperar a lista, você precisará imaginar que está indo para o local escolhido. Se escolheu a sala de sua casa, por exemplo, você deve imaginar que caminha até ela, entra em sua casa e depois entra na sala. Você também pode se imaginar saindo de seu quarto para o corredor e depois para a sala de estar. Você não deseja criar uma cena específica nesta etapa, só precisa visualizar a caminhada até o local escolhido.

2. Fazer uma lista das coisas que lembra

Ao entrar na sala de estar, você deve se lembrar de todos os objetos que vê ao fazer isso. Por exemplo, se você sai do seu quarto e vai para a sala de estar, deve imaginar que sai do quarto e vira pelo corredor em direção à sua sala de estar. Você também pode imaginar a porta que leva a outras salas, quaisquer molduras de fotos penduradas na parede, bem como mesas ou móveis no corredor. Da mesma forma, você pode imaginar partes da sala de estar que você pode ver do corredor, como um aquário de plantas ou um relógio na parede.

3. Designar e associar

Isso pode ser um pouco complicado para algumas pessoas, mas muitas outras se divertem com essa técnica. Quando você precisa começar a projetar e associar coisas, significa que você tem que escolher os objetos que visualiza ao redor de sua localização e conectá-los com o que está em sua lista. O que você precisa fazer é criar uma imagem em sua mente do que você vai se lembrar. Você quer que se destaque, e a melhor maneira de fazer isso é transformar os objetos do seu dia a dia em algo interessante e louco.

Quanto mais louco, melhor! Por exemplo, ao notar uma porta no corredor, você pode pensar que ela é feita de post-its amarelos, como os da sua lista de compras. Você pode imaginar a mesa no final do corredor como uma cabeça de couve-flor porque você precisa comprar couve-flor no supermercado. Você também pode imaginar peixes nadando em suco de cranberry de um lado e suco de aloe vera do outro. Você precisará associar cada item de sua lista a um item que viu em seu local.

Um truque específico que muitas pessoas não pensam é associar as coisas que precisam comprar em ordem cronológica. Por exemplo, se você está indo para o centro da cidade porque precisa de utensílios domésticos e mantimentos, você escolherá o primeiro antes do último. Portanto, você deve ter certeza de visualizar todos os utensílios domésticos, de preferência na ordem em que vai pegá-los na loja, no início de sua localização antes de ir para a seção do armazém. Quando se trata de lembrar sua lista, será útil lembrar o item na mesma ordem em que você o colocará em seu carrinho.

Você deve sempre ter em mente que a prática leva à perfeição. É uma boa ideia, especialmente quando você estiver se acostumando com o seu palácio da memória, escrever a lista na mesma ordem em que você vai pegar os itens na loja. Em seguida, leve a lista com você quando for às compras. No entanto, não a olhe, a menos que esteja tendo problemas para lembrar algumas coisas ou precise verificar para ter certeza de que pegou tudo antes de pagar.

Você Pode Ter Mais do que Um Palácio da Memória

Muitas pessoas costumam se perguntar se podem ter mais de um palácio de memória. E a verdade é que podem. No entanto, quando você está começando a construir o palácio da mente, é melhor segurar apenas um por um tempo ou até que você se sinta confortável para se transferir de um palácio para outro. Na verdade, uma vez que você esteja 100% confortável com seu primeiro palácio da memória, você pode pensar em criar um segundo e depois um terceiro, um quarto, sucessivamente. Não há limites para o número de palácios que você pode criar, desde que você se sinta confortável com o número e possa pular de um para o outro.

Como funciona a transferência de um palácio para outro? Basicamente, depende da sua lista. Cada lista que você estabelecer em seu palácio da memória permanecerá lá, especialmente se você se lembrar da lista de vez em quando. Dito isso, você não pode deixar de perder o controle de algumas listas. Por exemplo, você pode esquecer a lista de compras, pois ela tende a mudar a cada semana, mas você sempre pode se lembrar de outros conjuntos que deseja manter na memória, como os nomes de 45 flores ou 45 presidentes dos Estados Unidos.

É importante destacar que as duas listas mencionadas acima terão seu próprio palácio de memória. Por exemplo, você começará associando os 45 presidentes a objetos em seu escritório. Depois de realizar e praticar, e não encontrar problemas com este palácio da memória, você pode passar para a próxima lista. Cada flor também pode ser associada a um presidente. Digamos, George Washington se compara a uma rosa vermelha, John Adams parece um girassol e Thomas Jefferson pode se transformar em um lilás. Mas esta é outra técnica.

5. O Olho da Mente

Você conhecerá melhor seu *Olho da Mente* à medida que sua memória fotográfica melhora. Isto porque o olho da sua mente é uma parte de sua mente que lhe permite lembrar salas, objetos ou qualquer outra coisa exatamente como ela é.

Sua definição é ser capaz de pensar no que não está diretamente à nossa frente (Friedersdorf, 2014). Entretanto, o olho de sua mente pode fazer mais do que permitir que você veja o que você sabe, mesmo quando não está lá. Na verdade, ele também é capaz de criar imagens especiais para você. Por exemplo, se alguém lhe diz para imaginar um gato roxo com um chapéu de bruxa preto balançando nos fios elétricos, você será capaz de imaginá-lo perfeitamente.

Uma das melhores dicas quando se trata de usar o olho da sua mente é fazer o que puder para limitar suas distrações. Você criará uma imagem usando os cinco sentidos. Portanto, quando você está distraído, você não será capaz de prestar atenção ao que ouve, cheira, sente, saboreia ou vê. Isso pode causar interrupções em sua mente e dificultar a criação de imagens que você possa lembrar mais tarde.

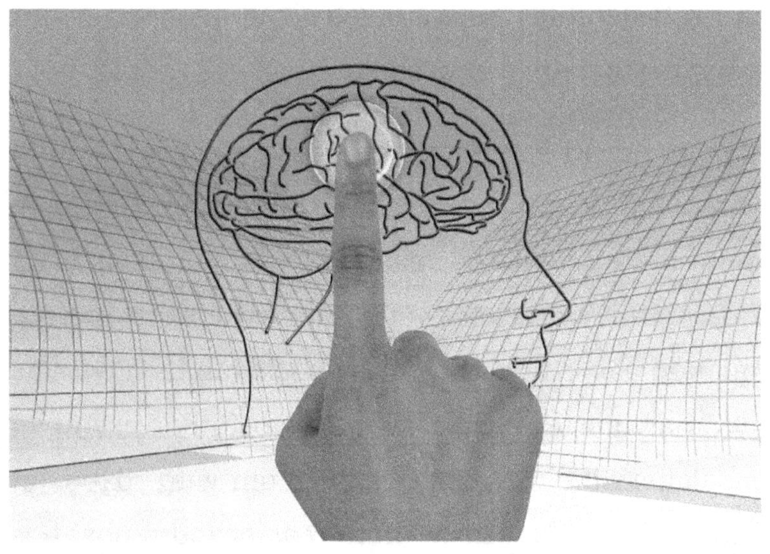

Mantener Nítido o Olho da Mente

Em algum momento, todas as pessoas têm lutado com distrações. É por isso que existem inúmeras técnicas que você pode usar para manter sua mente atenta e evitar distrações.

A *Observação é a Chave*

Algumas pessoas são naturalmente talentosas quando se trata de ser observador, mas outras acham difícil. Se você considerar que pertence a este último grupo, você vai querer melhorar suas habilidades de observação, pois elas são importantes para o desenvolvimento do olho de sua mente. A melhor maneira de fazer isso é observando os objetos ao redor em sua casa e fora dela. Você pode começar olhando atentamente um vaso colocado em sua sala de estar. Observe as cores e o design do vaso. Você não precisa tocar ou segurar o vaso, basta ficar na frente e observar tudo. Você pode notar uma lasca na parte superior ou que parte da tinta está começando a cair. Observe todas essas informações e deixe a sala. Depois, tente lembrar o máximo de detalhes que puder com o olho da sua mente. Uma vez que você tenha conseguido imaginar isso, deve voltar e ver o quanto você lembrou todos os detalhes.

Você pode testar ainda mais suas habilidades de observação saindo da sala e esperando alguns minutos antes de tentar imaginar o vaso. Você pode desenhá-lo ou voltar para a sala para ver o quanto conseguiu lembrar de cada detalhe do objeto.

Registrar a Informação

Quando você começar a observar objetos, a natureza ou as características de um cômodo, perceberá que começa a se distrair. Você descobrirá que sua mente vagueia para algo em que não deveria estar pensando. Quando isso acontece, uma das melhores técnicas é anotar o que você está observando. Por exemplo, você está sentado na varanda de sua casa e tentando olhar para a grande árvore na entrada da casa de seu vizinho. No entanto, luta para se manter concentrado porque olhou para a casa do vizinho e se distraiu com as pessoas andando na rua, cachorros latindo e crianças brincando. Para não se esquecer do que estava fazendo, anote tudo o que observou sobre a árvore. Para começar concentrando-se no tronco da árvore. Você notará como a casca se move para cima, como parte dela está faltando em algumas partes, e então começará a ver onde os galhos começam. Você deve descrever os galhos e as folhas no papel, finalizando com o fato de que a árvore é mais alta que a casa.

Parar e cheirar as Rosas

Todos nós já ouvimos a expressão de que às vezes precisamos "parar e cheirar as rosas". Isso significa que você está se movendo muito rápido na vida e não está desfrutando de algumas de suas melhores características. Talvez você não esteja passando um tempo de qualidade com sua família, não se permitindo apreciar a beleza da natureza e nem parando para olhar em volta. Seja qual for o caso, você deve reservar um tempo para observar aleatoriamente o entorno ao longo do dia para apreciar o que você tem. Muitas pessoas ocupadas que lutam para controlar seu estresse descobrem que esta é uma das melhores maneiras de reconhecer que foram abençoadas. Quando começarem a se sentir sobrecarregados, irão parar o que estão fazendo, sempre que possível, e admirar o entorno. Perceberão as pessoas ao seu redor, o que estão fazendo e como suas vozes soam. Perceberão os insetos nas flores ou os pássaros voando no céu. Você não precisa observar o que está à sua volta por um longo período de tempo; você só precisa ter certeza de ter pelo menos alguns minutos para observar onde está e o que está acontecendo ao seu redor. Isso não só aumentará suas habilidades de observação, mas também o ajudará a se conectar com o mundo.

Parte do aprimoramento de sua memória fotográfica é aprender tudo o que puder para associar certos elementos às coisas que você precisa lembrar. Quanto mais conhecimento tiver, mais fácil será a associação para você.

6. Mapas Mentais

A ciência tem mostrado repetidamente que o cérebro contém um potencial enorme que está apenas esperando para ser liberado. Uma das maneiras de desbloquear esse potencial é começar a usar o método de mapeamento mental de Tony Buzan e Barry Buzan (2018).

Essa poderosa ferramenta, além de explorar seu potencial inato, ajuda você a organizar seus pensamentos, pensar melhor e, acima de tudo, lembrar o que aprende.

Os mapas mentais utilizam elementos fundamentais para o funcionamento geral do cérebro, tais como: ritmo visual, esquematizações, cores, imagens, imaginação, diferentes dimensões, consciência espacial, o princípio da Gestalt e a tendência para completar associações. Este sistema permite que você use toda a gama de suas habilidades mentais. Isso o ajudará a ter mais criatividade, resolução de problemas, planejamento, memória, pensamento e enfrentar mudanças.

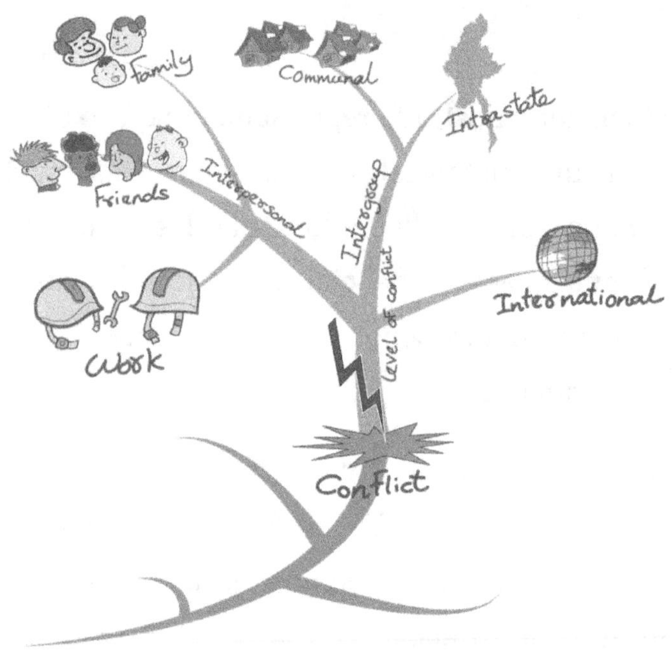

Gostaria de abrir um parêntese sobre o grande Leonardo da Vinci, não apenas porque ele nasceu a poucos quilômetros de minha casa, mas porque, como outros grandes gênios do passado, ele conseguiu aproveitar uma gama mais ampla de habilidades mentais do que seus pares. Na verdade, as grandes mentes do passado usaram uma porção muito maior das capacidades mentais que cada um de nós possui. O que torna a mente de Leonardo especial? Seu cérebro, em vez de pensar de forma mais linear do que seus contemporâneos, intuitivamente começou a usar os princípios dos mapas mentais e, portanto, do *Pensamento Radiante*.

Essa forma de pensar é a maneira mais simples e natural de usar o cérebro porque, na verdade, nosso cérebro já contém mapas mentais.

O mecanismo de pensamento do cérebro é como um dispositivo sofisticado capaz de produzir associações ramificadas, com linhas de pensamento que irradiam um número infinito de informações e dados. Essa estrutura mostra as redes neurais que refletem a arquitetura física do cérebro.

Se analisarmos as notas de Leonardo, podemos ver palavras, símbolos, sequências, listas, análises, associações, ritmo visual, técnica Gestalt, diferentes dimensões, números e figuras. Este é um exemplo de mente completa que se expressa globalmente e faz uso abrangente de suas atividades corticais.

Vai ser difícil igualar o gênio de Leonardo, mas certamente esta ferramenta poderosa nos ajudará a liberar o imenso potencial que temos em nosso cérebro. Se você tentar, ficará satisfeito com seu desempenho mental.

Fundamentos do Mapa Mental

Por que os mapas mentais nos ajudam a aprender e lembrar melhor do que as anotações tradicionais? Em primeiro lugar, as notas tradicionais são monocromáticas e monótonas. As notas de uma única cor são difíceis de lembrar, são enfadonhas e, portanto, serão esquecidas porque o cérebro fica entediado, desliga e tende a ignorá-las. Elas estão predispostas a colocar o cérebro para dormir. É uma metodologia que não explora as capacidades do nosso córtex cerebral e isso limita as capacidades associadas aos nossos hemisférios direito e esquerdo. Portanto, essas habilidades não podem interagir entre si e impedir um ciclo virtuoso de movimento e crescimento. Essa escrita linear das anotações nos incentiva a rejeitar o aprendizado e a esquecer o que aprendemos. Impede que o cérebro faça associações, limitando sua criatividade e memória. É um narcótico mental que desacelera e inibe seus processos de pensamento.

Em vez disso, a criação de mapas mentais permite que você trabalhe com palavras-chave que transmitam imediatamente ideias e conceitos importantes, ocultando uma longa série de palavras que são menos importantes. Isso permite que seu cérebro faça associações apropriadas entre conceitos-chave.

Se você deseja fazer anotações de forma eficaz, há três coisas importantes a lembrar: Rapidez, Eficiência e Participação Ativa. É por isso que o mapeamento mental é conhecido como um dos melhores métodos para codificar e recuperar informações do banco de dados da memória. Embora cada lista que você cria por meio do mapeamento mental seja diferente, todas as mentes são organizadas de uma maneira específica, o que as torna semelhantes.

Todos usam a imaginação para lembrar facilmente das coisas, assim como as cores fazem os itens se destacarem. Quando você pensa em um mapa mental, você quer pensar em um mapa normal da cidade ou no mapa de um shopping center. Sempre há o centro e todo o resto se ramifica a partir daí.

Quando se trata de mapeamento mental, há cinco coisas que você deve ter.

1. Você precisa ter um centro. Este será seu tema ou ideia principal, como por exemplo a Guerra Fria.

2. Cada tópico que vem de seu centro será composto de ramais ou filiais. Por exemplo, um ramal ou filial da Guerra Fria se refere ao motivo pelo qual ela aconteceu, o outro é o Muro de Berlim, o próximo consiste nas consequências ou pós-Guerra.

3. Cada ramal tem uma palavra-chave ou imagem

que você pode associar a seu banco de memória. Por exemplo, com o Muro de Berlim, você pode incluir a imagem de um muro.

4. Você também pode criar ramais menos importantes que vêm de seus ramais principais. Como os galhos de uma árvore que têm pequenos ramos ou outros ramos que se originam do mesmo. O truque é garantir que o pequeno ramo seja relevante para seu ramo principal.

5. Uma estrutura semelhante a um nó será formada através dos galhos.

Criar Seu Mapa Mental

Você pode usar qualquer tipo de ideia ou tema para criar seu mapa mental.

Primeiro, você quer começar no centro, que é a ideia principal do seu mapa mental. Você pode criar uma imagem como parte de sua ideia ou usar uma palavra-chave. Não importa o que você decida fazer, tem que ser colorido, algo que você possa lembrar facilmente. Então isso, vai ajudar a tornar a sua imagem um pouco caricatural, maluca e vibrante.

Em segundo lugar, você deve fazer seus temas de ramais, fluindo da imagem central. Para ajudá-lo neste processo, você pode fazer um brainstorming (chuva de ideias) e escrever os tópicos dos ramais com antecedência. Você também pode fazer isso com qualquer subtópico, que adicionará posteriormente. Por exemplo, se o seu assunto central for a comida, seus ramais ou galhos podem consistir em carne, peixe, vegetais e grãos integrais. Você pode lembrar melhor criando uma imagem com cada ramal ou galho, transformando o galho em uma cor diferente ou apenas usando uma palavra-chave. Terceiro, você precisa adicionar os subtópicos ou seus galhos. Como acontece com os galhos grandes, você pode torná-los tão coloridos e divertidos quanto desejar.

É importante perceber que um mapa nunca termina realmente. Você pode criar quantos subtópicos desejar. Tudo o que você precisa fazer é se relacionar com o assunto do ramal que vem da ideia central. Na verdade, você provavelmente se pegará adicionando informações ao seu mapa mental à medida que continua a reunir mais detalhes sobre o assunto.

O assunto dos mapas mentais deve merecer um livro dedicado a esse assunto. Se você quiser aprender como dominar essa técnica poderosa, sugiro que estude "The Book of Mind Maps", (O Livro dos Mapas Mentais) de Tony Buzan e Barry Buzan.

7. A Família Mnemônica

As regras mnemônicas costumam ser usadas para lembrar certas informações.

Por exemplo, "Não Sou Lebre Orelhuda", é um mnemônico para os pontos cardeais Norte, Sul, Leste e Oeste. Geralmente, as escolas usam frases semelhantes para ensinar os pontos cardeais às crianças.

Os mnemônicos podem assumir várias formas, como letras de músicas, rimas, expressões, padrões, conexões e acrônimos.

Princípios Fundamentais da Mnemônica

Prima di entrare nel dettaglio delle varie forme di mnemoniche, dobbiamo discutere tre punti fondamentali: *associazione, posizione* e *immaginazione.*

Associação

A associação ocorre quando você conecta o que deseja lembrar com o que irá lembrar. Por exemplo, quando você pensa que Thomas Jefferson foi o terceiro presidente dos Estados Unidos e autor da Declaração da Independência, você pode imaginar a Declaração da Independência ou o número 3 na forma de Thomas Jefferson. É importante observar que, ao criar suas próprias associações, você mesmo deve entendê-las. Você será capaz de se lembrar melhor dessas informações se as associar a algo em que já pensou.

Existem várias maneiras de lembrar coisas por associação. Além de usar figuras e números, você pode mesclar os objetos, colocá-los um sobre o outro ou imaginar os dois objetos dançando juntos ou se enrolando. Você tem que deixar sua mente ser o mais criativa possível. Lembre-se de que esse não é o tipo de informação que você precisará compartilhar com mais ninguém. Portanto, você não precisa se preocupar com o que outras pessoas podem pensar sobre suas associações. O que importa é que você possa recuperá-los do banco de dados da memória rapidamente.

Localização

Ao se concentrar em sua localização, você está fazendo duas coisas: separando um mnemônico de outro e fornecendo um contexto que permite juntar os mnemônicos. Desta forma, você poderá separar um conjunto de mnemônicos de um lugar X de outro conjunto semelhante de mnemônicos de um lugar Y.

Por exemplo, se você definir alguns mnemônicos em Florença e outros mnemônicos semelhantes em Nova York, poderá separá-los sem se confundir.

Não terá conflitos com outras imagens e associações

Imaginação

Você usará sua imaginação para criar as ligações entre o que você precisa lembrar e o que está associado a ela. Digamos que quando você criou a imagem de uma porta com notas adesivas amarelas, você estava usando sua imaginação.

Então você deseja permitir que sua imaginação seja criativa e um pouco maluca ao tentar imaginar coisas ou palavras-chave para fins de associação.

Tipos de Mnemônicos

Rima ou Ode

"Em 1492, Colombo navegou orando a Deus" - é uma das rimas mais conhecidas até hoje. Acontece que também é um dos muitos tipos de mnemônicos que você pode usar para lembrar eventos históricos. Outro uso desta técnica pode ser aplicado quando você precisa se lembrar de regras da língua espanhola, como "M antes de P e B, mas não de V", "Bra, bre, bri, bro, bru. ¡El burrito sabe tanto como tú!" y "Ahí hay un niño que dice ¡ay!". (O burrinho sabe tanto quanto você! " "Aí há uma criança que diz ai!" As rimas estão em espanhol a tradução não mantem a rima).

Música

Escrever letras ou criar uma curta canção pode ser útil se você gosta de fazer música. Pare um momento para pensar como é fácil memorizar músicas. Você pode até reproduzir partes dele em sua cabeça sem depender de rádios ou reprodutores de música.

Acrônimos

Acrônimos são uma das formas mais populares de criar mnemônicos. Quando você usa um acrônimo, está pegando a primeira letra de cada palavra e criando uma frase nova com ela. Por exemplo, "Objeto Voador Não Identificado" como OVNI, enquanto TQM é um acrônimo para "Te Quero Muito". Provavelmente, você está usando siglas quase todos os dias por meio de mensagens diretas ou mensagens de texto.

Gráficos e Pirâmides

Os modelos são outro tipo de mnemônicos. A pirâmide alimentar, para ser específico, ensina as crianças e ajuda as pessoas a lembrar quais alimentos são mais importantes do que outros. Se você olhar para uma pirâmide alimentar, verá que grãos inteiros e vegetais ocupam a maior parte do espaço na parte inferior, enquanto os doces - o grupo alimentar menos importante, que também podemos eliminar de nossa dieta - estão na parte superior. Ao olhar para cada conjunto, você verá o nível de importância deles, dependendo de onde eles são colocados dentro da pirâmide.

Conexões

As conexões são outra forma de nos ajudar a lembrar coisas por meio de mnemônicos. Por exemplo, você pode ter aprendido a palavra "longitude" ao procurar pela linha longitudinal do globo, que é a linha mais longa que conecta os polos norte e sul. A razão pela qual as pessoas se lembram da palavra é que é a primeira sílaba da palavra "longitudinal.

Palavras e Expressões

Muitas pessoas confundem palavras e expressões com acrônimos, mas isto é diferente. Quando você está formando um acrônimo, você geralmente cria uma palavra curta ou abreviação. Entretanto, quando você usa uma palavra ou expressão para ajudá-lo a se lembrar das coisas, você está usando este tipo de regra mnemônica.

Por exemplo, quando eu tinha aulas de violão não conseguia lembrar das notas em inglês. Então meu professor de violão disse que eu tinha que lembrar da frase "Every Good Boy Does Fine Always", que é a frase que os professores das escolas de língua inglesa usam para ensinar às crianças as notas musicais EGBDFA (Do Re Mi Fa Sol La Si) na equipe. Afinal de contas, é mais fácil lembrar a expressão do que uma série de letras.

A ordem das operações em matemática é outro exemplo comum desta mnemônica. A regra é: parênteses, expoentes, multiplicação, divisão, adição e subtração. Tomando a primeira letra de cada uma destas palavras, cria-se a frase PEMDAS. A questão é que o nome real de cada símbolo é quase impossível de ser lembrado pelas pessoas. Portanto, a mnemônica comumente usada em inglês é "Please Excuse My Dear Aunt Sally".

Acrósticos

O acróstico é uma forma poética que pode ser usada como um mnemônico para facilitar a recuperação da memória, na verdade é uma frase em que as letras ou sílabas iniciais de cada palavra são as iniciais dos conceitos ou palavras a lembrar.

Pense em uma sequência de letras para ajudá-lo a lembrar um conjunto de eventos em uma ordem específica, como "Todo bom menino sempre vai bem", "Desculpe, minha querida tia Sally", mas também "Minha velha tia Marta Jamais soube ungir nosso Pão" para lembrar a ordem dos planetas (Mercúrio, Vênus, Terra, Marte, Júpiter, Saturno, Urano, Netuno e Plutão.

8. Técnicas Básicas de Memória

Você pode ter problemas para se lembrar de nomes, números, rostos ou quais itens comprar no supermercado. Seja qual for o caso, parece estar acontecendo com frequência e muitas vezes você tem que se esforçar para lembrá-los. Isso pode ser frustrante para qualquer pessoa. Felizmente, junto com as técnicas que já discutimos antes, existem estratégias de melhoria diária que também podem ser usadas para melhorar sua memória.

Registre a Informação

Já mencionamos em um capítulo anterior que você deve anotar as informações ao desenvolver suas habilidades de observação. Essa técnica também o ajudará a desenvolver sua memória em geral.

Hoje em dia, é difícil não sentar e anotar as informações que você precisa lembrar. É muito mais rápido abrir um documento do Microsoft Word ou Google Doc e começar a escrever as informações do que ter tudo em sua mente. Permite que você sinta que, pensando nas informações e gastando um tempo escrevendo, será capaz de lembrar de tudo mais facilmente. A verdade é que isto só é útil se você precisar escrever algo rapidamente. Isso não melhora sua memória, tanto quanto escrever as informações à mão. A escrita integra múltiplos sentidos, tato, visão e envolve tanto a memória de curto quanto a de longo prazo. Estimula todo o córtex cerebral e ativa as faculdades de atenção e concentração.

A principal razão pela qual a escrita funciona melhor é porque está dando vida às células do cérebro que você não usa mais quando começa a usar sua mão. Estas células, que são conhecidas como o sistema de ativação reticular ou SAR, dizem ao seu cérebro para concentrar-se mais nas tarefas que você está fazendo.

Outra razão é que, quando você escreve, é mais provável que reformule a informação em suas próprias palavras. Em vez de repetir a informação palavra por palavra, o que as pessoas normalmente fazem, pensará no que foi dito e logo escreverá à sua maneira. Ainda terá o mesmo significado, mas em palavras diferentes. Como você investiu sua energia nisso, é mais provável que você se lembre das informações.

Aprenda Como se Estivesse Ensinando

Algumas pessoas pensam que a melhor maneira de aprender algo é agir como se fossem ensinar. Esteja você tentando aprender nomes ou uma série de números e memorizar informações para um teste, quanto mais você pensa que vai ensiná-lo, mais você se compromete.

Outro truque é aprender as informações com o pensamento de que você precisará para ensinar uma criança. Isso o ajudará a colocar as informações de forma simples, o que sempre torna qualquer ideia mais fácil de entender e lembrar. Como disse Einstein, se você não pode explicar de forma simples, você não entendeu bem.

Organize Sua Mente

Muitas pessoas sentem que uma das melhores

técnicas a serem usadas, especialmente para iniciantes, é organizar sua mente. Quando seus pensamentos estiverem organizados você será capaz de lembrá-los melhor. Isto também motiva uma importante decisão de estilo de vida, considerando que você pode querer ter certeza de que sua área está limpa e organizada. A razão disso é que as pessoas muitas vezes se sentem mais relaxadas em uma sala arrumada. Se você quiser fazer isso em casa, você também vai querer fazer isso em sua mente.

Tire um momento para pensar em como você se sente quando sua mesa, área de trabalho ou balcão da cozinha está entulhado. É preciso muito mais esforço para se concentrar em uma tarefa quando há desordem por toda parte. Agora, imagine como esta tarefa será fácil se sua área de trabalho estiver limpa.

A esta altura, você pode estar se perguntando como pode trabalhar para tornar sua mente mais organizada. Afinal, não é exatamente como sua mesa de trabalho, onde você pode pegar um objeto e guardá-lo.

Embora isso seja geralmente verdade, existem muitas dicas e truques que você pode usar para organizar sua mente.

Use uma Lista Escrita

Mais uma vez, você pode usar uma lista para ajudar sua mente a ser mais organizada. Para ser honesto, as pessoas naturalmente se sentem mais confortáveis quando têm uma lista com a qual contar. Para começar, ela lhes permite saber exatamente o que fazer. Além disso, se você a tratar como uma lista de verificação, você pode apagar o que já fez.

O ponto deste conselho é que você só vai querer manter as informações importantes. Então, de certa forma, você descartará tudo o que não precisa mais guardar. É por isso que você precisa usar o método da lista escrita de vez em quando.

Seja Consistente

Os itens em sua casa muito provavelmente terão uma localização específica. Por exemplo, sua cafeteira está no balcão de sua cozinha, a caixa de brinquedos de seu filho está no canto de seu quarto e seus talheres estão em uma certa gaveta na cozinha. Isto é a mesma coisa que ele quer fazer com sua mente. É preciso ter certeza de que cada coisa tem um lugar específico.

Por exemplo, você colocará a lista dos 45 presidentes em seu palácio mental em forma de sala de estar, enquanto a lista de tudo o que você precisa fazer antes de se mudar para sua nova casa vai para o palácio mental do seu escritório de trabalho. Enquanto você precisar dessas listas, é aqui que elas serão armazenadas dentro de sua mente. Assim, quando você verifica sua lista para ter certeza de que tudo está oficialmente pronto para a mudança, você pode imaginar seu escritório de trabalho e extrair as informações de lá.

Seja Consciente da Overdose de Informações

Vivemos em um mundo onde a tecnologia parece estar em todos os aspectos de nossas vidas o tempo todo. Não importa se estamos usando um laptop, tablet ou telefone inteligente - muitas pessoas podem procurar o que quiserem sempre que quiserem através de sua conexão à Internet ou plano de dados móveis. Devido a isso, nossas mentes podem ficar sobrecarregadas com informações. Isto não só pode nos fazer sentir cansados e estressados, mas também pode nos forçar a esquecer as coisas importantes a serem lembradas quando lidamos com uma overdose de informação.

Estar nesta situação significa que seu cérebro está repleto de muitas informações desnecessárias. Fora isso, sua mente começará a absorver tudo como uma esponja. Em certo sentido, tudo parecerá irrelevante para seu banco de dados, porque você não pode mais distinguir entre o que é importante lembrar e o que não é.

Ganchos da Memória

Outra maneira simples de ajudar a melhorar sua memória fotográfica é através dos *Ganchos de Memória*. Esta técnica é quase literalmente o que o nome implica: você prende sua memória, assim você não pode esquecê-la facilmente. Isto segue o caminho pelo qual é mais provável que você se lembre das informações que estão "engatadas" em sua mente.

Muitas pessoas usarão ganchos de memória em um nível emocional. Quando as pessoas fazem isso, elas ancoram a memória a uma emoção. Este método funciona porque nossos sentimentos podem muitas vezes servir como gatilhos para certas memórias. Por exemplo, se você se lembra de ter sido atropelado por um caminhão na estrada quando era mais jovem, você pode ser cauteloso ao andar perto de veículos similares ou outros veículos. Afinal, sua memória desencadeia uma resposta emocional, que, neste caso, é o medo.

Quanto mais forte a emoção que está ligada à sua memória, mais provável é que você se lembre do que aconteceu no passado. Se você jantou com seu irmão na semana passada, por exemplo, você provavelmente se lembra de ter almoçado com ele, onde foi comer, mas talvez não se lembre de mais nada sobre isso. Você pode esquecer o que falou. Se esse fosse o caso, você teria que pensar muito sobre isso para obter apenas fragmentos de informações.

É claro que não é preciso passar por um evento para usar os ganchos de memória com uma emoção para lembrar de algo. Não importa o que você quer lembrar, tendo em mente que pode ser um nome, o endereço de sua nova casa, ou a definição de uma palavra. Tudo o que você precisa fazer é associar uma emoção à informação e relacioná-la a uma imagem que supostamente explique o sentimento associado.

Por exemplo, se você quiser lembrar o endereço de sua nova casa, você pode projetar os números reais como pontos de exclamação porque você está entusiasmado com sua nova casa. Você também pode tornar o visual um pouco mais louco fazendo os números saltarem como se também estivessem entusiasmados com sua nova casa.

Três Itens Importantes

Para que os ganchos de memória funcionem bem, você deverá lembrar três informações importantes.

1. Os ganchos de memória devem ser curtos e concisos. É sempre mais difícil lembrar coisas longas e desinteressantes. Lembre-se, você precisa prender as informações à sua mente para que saiba que pode salvá-las e mantê-las em seu banco de memória.

2. O gancho de memória deve ser fácil de lembrar. Não o ajudará se você tentar associar o gancho de memória com uma emoção que muitas vezes não sente ou não se encaixa bem na informação. Por exemplo, se você quiser lembrar a data e a hora de sua cirurgia, talvez não queira associar entusiasmo com o evento. No entanto, isto também depende do tipo de cirurgia que você está fazendo.

3. Coloque apenas as informações de que realmente precisa no gancho da memória. Por exemplo, se você está tentando se lembrar do seu novo endereço, mas ainda vive na mesma cidade, não precisa se concentrar em lembrar a cidade. Em vez disso, lembre-se do número da casa e do nome da rua.

Dicas para Fazer os Ganchos de Memória Interessantes

Como você torna os ganchos de memória interessantes vai depender da sua personalidade. Aqui estão algumas dicas para lhe dar uma ideia de como você pode criar um gancho de memória.

1. use jogos de palavras para que as pessoas saibam qual é o seu negócio. Por exemplo, se você é um dentista, você pode usar um slogan que soa como "Se você não é bom com seus dentes, eles serão falsos com você".

2. O uso do humor é outra ótima maneira de criar um gancho interessante.

3. Faça uma paródia para tornar o gancho interessante. Você pode fazer uma, pegando uma canção e mudando algumas de suas letras para que se relacionem com o que você deseja lembrar.

4. Não tenha medo de misturar e combinar ou encontrar sua própria maneira de fazer um gancho de memória extremamente interessante para você.

Método Chunking

Você pode usar o *Método Chunking* de informações para quase qualquer lista longa de informações. Quando você usa esta técnica, você basicamente fragmenta ou reúne informações. Por exemplo, se você tem que se lembrar de 10 números, você pode combiná-los em ordem, o que significa que você só tem que pensar em cinco números, que é mais ou menos a mesma quantidade que sua memória pode conter quando se trata deste tipo de informação . Por exemplo, se você tiver uma lista que consiste em 8, 5, 3, 2, 1, 7, 6, 9, 4 e 7, pode combinar os números como 85, 32, 17, 69 e 47. Reserve um momento para observar este exemplo cuidadosamente e tente memorizar os números individuais e combinados separadamente. Você perceberá rapidamente que, quando os números estão emparelhados, eles são muito mais fáceis de memorizar do que os dígitos individuais. Isso também significa que eles são mais fáceis de codificar e armazenar em seu cérebro, pelo menos por um período de tempo.

Técnica de Vinculação

Quando você precisa se lembrar de uma lista de nomes, geralmente usa a *Técnica de Vinculação*. Geralmente acontece quando você precisa vincular detalhes adjacentes na lista. Você deve se lembrar de ter feito um teste de duas colunas na escola primária. A primeira coluna continha uma lista de palavras, enquanto a segunda tinha a definição de algumas das palavras da primeira coluna. Você teve que conectar a palavra correta à sua definição correspondente com uma linha. Este método é semelhante ao que você deve fazer ao usar a técnica de vinculação.

Essa técnica consiste em três partes: *criar* e *recuperar* uma lista e, em seguida, *praticar* como fazer isso repetidamente. Mesmo se você se sentir confortável com o método acima, tente praticar a lembrança de uma de suas listas pelo menos uma vez por semana. Caso contrário, a lista e a técnica de vinculação começarão a se deteriorar e a deixar sua mente.

A questão é que, quando você cria qualquer lista, você quer ter certeza de que cada imagem ou palavra está ligada à seguinte. Por exemplo, se você quiser escrever uma lista de compras, você começará pegando o carrinho de compras. Então você pode imaginar o objeto descansando no assento como um abacaxi bebê, assumindo que este é o primeiro item da lista. No caso se o segundo item fossem maçãs, você pode imaginar o abacaxi com maçãs crescendo no topo. Você continuará vinculando sua lista dessa forma até chegar ao último item. É importante você lembrar de tudo na mesma ordem para não esquecer nada da lista.

O próximo truque é lembrar automaticamente o próximo item da lista de compras depois de pegar o primeiro. Por causa disso, não será preciso muita energia para lembrar de toda a sua lista.

Você deve estar ciente do fato de que, ao praticar o método de vinculação, não precisa sentir a necessidade de praticar constantemente a lembrança da mesma lista. O que você deseja fazer é criar uma nova lista usando essa técnica. Por exemplo, se você vai às compras uma vez por semana, pode transformar esse exercício de memória em um exercício específico para essa atividade. Isso garante que você usará essa técnica pelo menos uma vez por semana. No entanto, você também pode usá-lo durante a semana para outras listas.

O Princípio SEE

O princípio SEE é uma técnica de memória que as pessoas costumam usar para construir sua memória fotográfica a partir do zero. SEE é uma sigla que representa as três peças desse princípio: **S**entidos, **E**xagerar e **E**nergizar.

S é de Sentidos

Este princípio afirma que quanto mais você usa seus sentidos para codificar informações, mais dados você pode transferir da memória de curto prazo para a memória de longo prazo.

E é de Exagerar

O segundo princípio afirma que você deseja ser o mais criativo, divertido e interessante possível ao criar suas imagens, palavras-chave, tabelas, gráficos ou o que quer que você use para lembrar rapidamente de qualquer informação.

Pense da seguinte maneira: você está dirigindo ao longo da rodovia e nota uma fila de caminhões do outro lado dela. Você percebe que um tem uma cabine totalmente branca, o caminhão ao lado é branco com roxo, a terceira cabine é rosa e a quarta corresponde a uma completamente branca.

Você vai se lembrar de todos os veículos rosa e as cabines brancas com linhas roxas mais do que as simples brancas porque são visualmente mais interessantes do que as outras. Teria lembrado ainda mais um veículo com desenhos estranhos, engraçados e inusitados.

E é de Energizar

A última parte do princípio SEE diz que você deve certificar-se de que as informações que deseja lembrar, juntamente com a forma como deseja fazê-lo, são energizantes. Por exemplo, você preferiria ver uma apresentação de slides da vida do Prince ou um filme sobre sua vida? O mais provável é que você escolha o filme sobre a apresentação de slides porque os filmes trazem energia. Há movimento neste último, e você pode reter a energia que vê os atores emitirem ao longo do filme. Os filmes são mais lembrados porque há mais participação, mais emoção e mais excitação do que em outras imagens. Cria imagens energizantes que dificilmente esquecerá.

Dicas para Memorização

Todos nós temos coisas que precisamos lembrar de vez em quando. Embora algumas pessoas achem a memorização fácil, a maioria de nós tende a ter dificuldades com o processo. Se você é uma pessoa que sente que memorizar coisas é um desafio, mas também pensa que não é extremamente complicado, saiba que você pode usar algumas dicas adicionais. Aqui estão algumas das melhores maneiras de memorizar informações.

Preparar seu Tempo de Estudo para a Memorização

Todos nós temos diferentes técnicas de estudo. É importante que você reserve um tempo para aprender o que precisa fazer para estudar melhor. Isto lhe permitirá melhorar drasticamente suas habilidades de memorização. Por exemplo, você pode precisar ficar em silêncio para lembrar melhor das aulas. Se for esse o caso, você deve procurar um ambiente que não ofereça muitas distrações. Ou considerando que você também percebe que precisa ter música de fundo, pois as melodias ajudam você a se concentrar melhor, então certifique-se de ter a melhor música para aumentar suas habilidades de memorização.

Algumas pessoas acreditam que é importante que se preparem por meio de uma série de etapas. Por exemplo, você pode ter que limpar sua mente de tudo que aprendeu naquele dia. Portanto, você deve reservar um tempo para assistir a um bom filme, tomar uma xícara de chá, ler ou apenas relaxar. Você pode até descobrir que tem um desempenho melhor quando medita. Se você precisa brincar com seus preparativos antes de começar a memorizar, você precisa fazer de acordo com sua programação. No entanto, sempre há tempo para alterar algumas das etapas à medida que você aprende mais sobre seu tempo de preparação.

Registrar e Escrever a Informação

Já que escrever as informações foi discutido em outra seção, não quero me aprofundar muito nisso. No entanto, também é importante incluí-lo nesta seção. Se você acha melhor gravar as palestras de seus professores, certifique-se de fazer isso. No entanto, você também precisará reservar um tempo para ouvir a gravação e anotar todas as informações importantes para que possa memorizar o que precisa saber.

Afinal, você não está apenas escutando o que ele tem a dizer, mas também está reservando um tempo para ativar as células cerebrais à medida que começa a escrever algumas coisas. As células cerebrais ativas sempre o ajudarão a se lembrar de mais informações. Lembre-se de preferir mapas mentais a anotações típicas. Mapas mentais são uma das ferramentas mais poderosas que você pode usar.

Escrever Novamente a Informação

As pessoas não percebem o quão importante é escrever informações. Na verdade, muitas pessoas afirmam que uma das melhores maneiras de memorizar informações é anotá-las quando você as ouvir pela primeira vez e, em seguida, anotar quando se lembrar das informações. Em outras palavras, escreva as informações da memória. No entanto, não ouça a gravação nem olhe o que escreveu anteriormente. Em vez disso, pegue uma folha de papel em branco e vá para a sua memória. Você pode então comparar isso com sua escrita original. Se você considerar que precisa continuar memorizando as informações, fique à vontade para fazê-lo. No entanto, se você parece estar bem apenas com a memorização, pode dar um passo para trás para se desafiar um pouco mais.

Por exemplo, você não pode tocar nessas informações por alguns dias. No entanto, quando esses dias acabarem, você pode tentar escrever as mesmas informações da memória novamente e, em seguida, comparar as duas escritas. Se você perceber que ainda está ficando mais forte, continue se desafiando aumentando o intervalo de tempo. Se você descobrir que já começou a esquecer coisas, aumente a quantidade de tempo que gasta memorizando as informações.

Ensine as Informações para Você Mesmo

É claro que você pode ensinar a outra pessoa o que ela está tentando aprender, mas isto nem sempre é possível. Neste caso, é importante acostumar-se a ensinar a si mesmo a informação. Ao fazer isso, você verá que está mais envolvido quando memoriza os detalhes porque tem a mentalidade para explicá-los ou ensiná-los. É por isso que você deve se certificar de compreender as informações antes de tentar esta técnica.

Isto é muito popular porque ajuda você a se concentrar mais e lhe dá algo pelo qual esperar, como um objetivo quando se trata de memorizar informações.

Se você é como a maioria das pessoas, você precisa de motivação para continuar memorizando porque muito poucas pessoas gostam de fazer esta atividade. Entretanto, este método pode motivá-lo a fazer o que precisa fazer.

Não Deixe de Ouvir as Gravações

Uma dica final é não parar de ouvir o que você gravou. Muitas pessoas consideram que, depois de ouvir uma gravação uma vez e de terem anotado as informações importantes sobre ela, podem colocá-la de lado. Pior ainda, eles podem decidir excluí-la ou gravar uma nova palestra sobre ela. Nenhuma dessas ideias é recomendada, considerando que reservar um tempo para continuar ouvindo as aulas o ajudará a melhorar sua memória por meio de sua própria técnica. Repetita iuvant. Repetir coisas ajuda.

9. Técnicas Avançadas

Antes de começarmos a discutir técnicas mais avançadas para melhorar a memória, você pode achar que os métodos discutidos aqui ou no capítulo anterior são básicos ou muito avançados para você. É sempre mais fácil começar com alguns dos métodos mais simples - aqueles que você considera mais fáceis - e trabalhar a partir daí. Isso é algo que ninguém pode dizer diretamente, pois depende da sua personalidade e da sua memória.

Outro fator a lembrar é que cada técnica parecerá difícil no início. No entanto, uma vez que você consiga fazer isso com sucesso algumas vezes, poderá se acostumar.

Método do Automóvel

O *Método do Automóvel* é semelhante ao uso de um quarto em sua casa como um palácio da memória. Uma das razões mais importantes pelas quais é considerada uma das técnicas mais avançadas é porque algumas pessoas não conhecem as partes de um automóvel. Além disso, elas tendem a ficar confusas porque não veem o automóvel da mesma forma que um quarto em sua casa. Essas pessoas podem sentir que ir do porta-malas até a frente do automóvel é um pouco mais confuso do que andar em qualquer sala. Entretanto, como observamos acima, o nível de confusão depende de sua personalidade e de seus interesses.

Ao mesmo tempo, o método do automóvel é muito útil porque muitas pessoas têm um que podem usar para observar em vez de apenas visualizar. Semelhante ao uso de um quarto em sua casa, você vai querer ter certeza de conhecer seu automóvel e tudo o que ele contém antes de começar a usar esta técnica. Por exemplo, você deve se familiarizar com os compartimentos de armazenamento porque estes são frequentemente os lugares onde as pessoas podem usar este método. Os automóveis, especialmente os modelos mais novos, podem ter uma dúzia de unidades de armazenamento em todos os lugares. Eles não só estão no lugar das portas, entre os assentos, e no fundo dos assentos, mas também podem ser escondidos no porta-malas.

É claro, se você não tiver um automóvel, você pode usar qualquer tipo de veículo que você conhece, como um avião, um ônibus ou um caminhão.

Outro exemplo que você pode ver é uma lista de animais em uma reserva, onde você cuida de animais feridos e abandonados antes de devolvê-los ao seu habitat natural. Você pode usar essas informações para garantir que você e sua família possam ver todos eles, sem ter que verificar o mapa o tempo todo. Além disso, saber a lista de cor permite criar um jogo com seus filhos, no qual você pede que eles encontrem ou deem nomes aos animais que estão lá. Portanto, você pode usar o método do automóvel para memorizar os seguintes animais: pinguim, lama, tigre, urso, águia, búfalo, lobo, pato e lontra.

Você sabe que o pinguim é o primeiro animal que seus filhos verão. Então você quer imaginar o pinguim na frente do seu carro, considerando que você quer lembrar essa lista da frente para trás. Você pode imaginar um pinguim deslizando no capô do seu automóvel. A partir daí, você deseja conectar esta imagem a uma lhama, que pode estar dirigindo O tigre pode estar sentado no banco do passageiro, enquanto o urso está tentando caber no bolso atrás do banco do motorista. Sinta-se à vontade para continuar usando esta lista com o mesmo método para memorizar o resto dos animais da reserva na ordem em que os verá.

Método Palavra-Chave

O *Sistema de Peg* (Peg System) é outra técnica comum que parece mais avançada para algumas pessoas. Quando você pensa no método com palavra-chave, pode imaginar como funcionam os prendedores de roupa. Na verdade, eles são um pouco semelhantes. Essa técnica usa imagens visuais para fornecer um "gancho" ou "clipe" para pendurar suas memórias.

Este sistema funciona criando associações mentais entre dois objetos concretos individualmente que serão então aplicadas à informação a ser lembrada. Este método funciona memorizando previamente uma lista de palavras que são fáceis de associar aos números que representam. Esses objetos formam as "pinças" do sistema. Isso geralmente envolve ligar substantivos a números e é prática comum escolher um substantivo que rima com o número ao qual está associado.

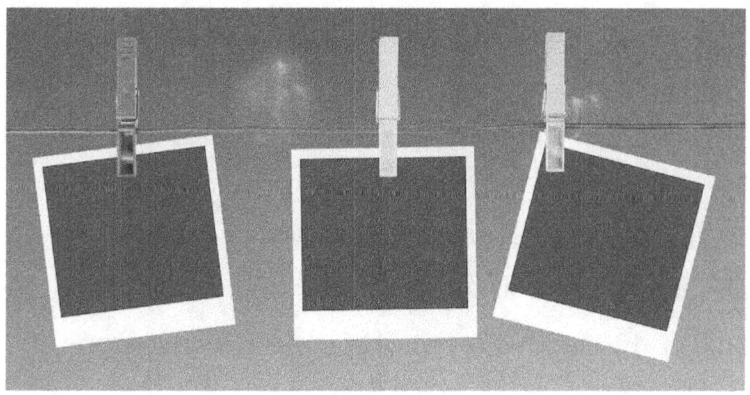

Uma reclamação sobre o sistema de palavras-chave é que ele parece ser aplicável apenas em situações triviais. No entanto, o sistema pode ser usado para lembrar lista de compras, itens-chave em discursos e muitas outras listas específicas de áreas de interesse.

Com este método, você se lembrará facilmente da posição numérica dos itens em uma lista em sequência ou fora da sequência.

Por que utilizar o Método Palavra-Chave?

O método da palavra-chave é conhecido por ser uma das técnicas mais avançadas por várias razões.

1. Há muita flexibilidade entre as listas

Quando você pode criar flexibilidade nas listas, pode reduzir o risco de interferência. Por exemplo, você pode utilizar listas ordenadas ou em ordem alfabética para associá-las ao método da palavra-chave. É claro que muitas pessoas sugerem que quando você começa a usar esta técnica, deve escolher uma lista com a qual se sinta mais confortável, como por exemplo uma lista ordenada. Depois de usar o método várias vezes, e entender como ele funciona, você pode escolher outros tipos de listas.

2. Algumas pessoas não memorizam bem os itens

Se você achar que tem dificuldade de memorizar, pode achar que este método não é muito útil para você. A razão é que você precisa manter a ordem, que a memorização nem sempre proporciona. Além disso, permite que você utilize qualquer lista que lhe venha à mente.

3. Puoi richiamare direttamente l'articolo

Embora a *Técnica de Vinculação* seja ótima para lembrar listas em sequência, ela não fornece uma maneira fácil de lembrar, por exemplo, o sétimo item da lista. Você deve começar no topo da lista e contar mentalmente para a frente através das associações até chegar ao sétimo item.

Você pode ter 20 animais em uma ordem específica que segue o mapa da reserva, por exemplo. Se você quiser escolher o sétimo animal, precisará percorrer toda a lista, do primeiro ao 7º animal. Em vez disso, com o sistema de palavras-chave, você pode se lembrar diretamente do artigo, por exemplo: Sete = Frango.

Existem várias listas que você memorizará por meio de fotos suficientes e nem sempre terá que mantê-las em ordem. Por exemplo, se você tentar criar uma lista dos animais da reserva, poderá eventualmente escolher os animais cada um por si mesmo, sem ter que se lembrar da lista inteira.

4. Pode utilizar o sistema palavra-chave para armazenar mais informações

Como mencionamos acima, o sistema de palavras-chave oferece muita flexibilidade. Você pode realmente misturá-lo com outras técnicas que aprendeu. Use seu método básico favorito ou outra técnica avançada, junto com o sistema de palavra-chave, por exemplo. Ao fazer isto, você pode abrir a porta para ser capaz de codificar, armazenar e recuperar mais informações do que em uma lista de uma só vez.

Uma das listas de palavras-chave mais comuns é o sistema do alfabeto. Se você usar e misturar este sistema, com a técnica de vinculação, você pode se lembrar de mais de 200 itens em uma única lista. Embora não pareça possível agora, deve lembrar que você não vai colocar todos os itens em sua lista de uma só vez. Como muitas listas ou mapas mentais que superaram a vida, isto é algo que você pode construir com o tempo.

Método Palavra-Chave Rítmico

Se você gosta de rimas, vai gostar do método palavras-chave rítmico. A ideia é que você crie uma lista de palavras e depois encontre outras palavras que rimem com as primeiras. Por exemplo, se você tem a palavra pato em sua lista, você pode rimá-la com prato. Cachorro com socorro, gato com sapato, etc.

Mas geralmente você cria uma lista de números e junta as palavras que rimam, por exemplo:

0 = Bolero

1 = Atum

2 = Depois

3 = Estupidez

4 = Teatro

5 = Brinco

6 = Fósseis

7 = Cassete

8 = Biscoito

9 = Love

10 = Nudez

O lado divertido do método de palavra-chave rítmico é que você será capaz de melhorar sua criatividade. Digamos que você pode dar um ritmo à sua rima e criar uma canção tola ou fazer uma história onde você começa uma frase com uma palavra específica e depois a termina com uma palavra rimada. Quanto mais criativo e divertido você for com estas informações, mais fácil será recuperar as informações quando você precisar delas.

Método Palavra-Chave Alfabético

Dentro do método alfabético de palavras-chave há dois tipos de listas que você pode criar: sons alfabéticos semelhantes e alfabeto específico. É claro, você pode ser criativo e estabelecer o seu próprio quando se sentir confortável com o processo, mas agora vamos ver estes dois tipos.

1. Sons Alfabéticos Semelhantes

A lista de sons alfabética semelhante não é diferente do método rítmico de captação de palavras, mas é preciso encontrar uma letra que soe semelhante à palavra. Por exemplo, B em inglês soa como uma abelha. Portanto, você pode imaginar uma abelha que tenha a forma da letra b.

2. Alfabeto Específico

Ao criar uma lista de alfabeto específica, você percorrerá o alfabeto e encontrará uma palavra que começa com a letra correspondente. As palavras não precisam rimar, você não precisa se preocupar com o som ou dar à palavra uma forma ou imagem engraçada. A lista que você cria será útil quando estiver memorizando certas informações. Por exemplo, você pode fazer uma lista alfabética onde A representa uma Árvore, B representa uma Banana, C representa uma Casa, D representa um Dado e assim por diante.

Método Palavra-Chave com formas

Este método é semelhante aos outros métodos, embora sua principal distinção seja o uso de formas. Basicamente, ela converterá as informações que você deseja lembrar em uma determinada figura. A figura pode corresponder à palavra ou pode ser a primeira imagem que lhe vem à mente quando você pensa nela.

Repetição Espaçada

Muitas pessoas, principalmente iniciantes, sentem a necessidade de repetir as informações para lembrá-las. Infelizmente, isso só funcionará por um curto período. Você deve estar ciente de que, a menos que use um método, você está emocionalmente ligado à informação. Também é possível que sua mente pense que é importante que você se lembre de algo que provavelmente esquecerá em alguns meses ou mais. Isso não significa que haja algo errado com sua memória. É normal que as pessoas comecem a esquecer informações que não usam ou não lembram com o tempo. A principal razão para isso acontecer é porque seu cérebro está abrindo espaço para dados mais importantes que precisará lembrar no futuro.

Portanto, muitas pessoas, especialmente aquelas que praticam regularmente técnicas de aprimoramento de memória, relatam que muitas vezes se concentram em relembrar as informações que desejam manter pelo menos a cada duas semanas. Este é um ótimo método que muitos concorrentes usam para competições de memória. Depois do concurso, eles não treinam seus cérebros por vários meses. Então, alguns meses antes da competição, eles começam a treinar o cérebro novamente.

Uma vez que o processo começa, eles não só usarão uma variedade de técnicas - como se cronometrar - mas também praticarão com listas diferentes semanalmente, se não mais. Isso os ajuda de várias maneiras.

Por um lado, permite aos participantes dos jogos de memória melhorar a velocidade, o que é um fator importante quando se trata de competições. Em segundo lugar, a prática os ajuda a reter informações novas e antigas em seu banco de dados de memória. Por exemplo, eles podem se lembrar de uma lista da semana passada e se concentrar em aprender uma nova lista na próxima.

Claro, você pode aplicar a repetição espaçada por seis meses e não tocar na lista até que seja necessário. A lacuna dependerá principalmente de sua capacidade de lembrar a lista. É por isso que o treinamento também pode demorar mais do que isso. Muitas pessoas dizem que se você tiver listas que deseja lembrar, precisará fazer repetições espaçadas com cada uma. Isso garante que será capaz de manter todas as novas informações em sua mente. No meu livro *"Aprendizagem Acelerada"*, revelo meu sistema de estudo pessoal que uso para memorizar informações para sempre, graças à repetição espaçada.

Memorizar um Baralho de Cartas

Outra ótima técnica que muitos iniciantes usam para melhorar sua memória fotográfica é memorizar um baralho de cartas. Se você está apenas aprendendo a construir sua memória, pode parecer uma tarefa impossível porque há exatamente 52 cartas em um baralho. No entanto, quase qualquer pessoa que ingressou no treinamento avançado de memória fotográfica teve que praticar com um baralho de cartas.

Afinal, as cartas são fáceis de encontrar. Na verdade, você já deve ter um baralho de cartas em casa. Fora isso, elas já são projetadas, numeradas e codificadas por cores; isso pode tornar o processo de aprendizagem um pouco mais fácil ao tentar melhorar sua memória.

Existem algumas coisas básicas que você precisa ao memorizar um baralho de cartas, além de ter certeza de que você tem um baralho completo. Você também deve ter uma lista de 52 celebridades - aquelas de que você gosta e as que realmente não lhe importam - e o conhecimento de como criar um palácio de memória.

Primeiro, você precisa entender que, ao aprender a memorizar um baralho de cartas, deve usar uma técnica semelhante a esta. O motivo é que, sem um método adequado, você levará pelo menos meia hora para lembrar metade das cartas do baralho.

Além disso, como você não associou o baralho a nada que pareça interessante para você, é muito provável que as informações sejam esquecidas com o tempo. Na verdade, você pode esquecer tudo o que memorizou em algumas semanas.

Criar um Palácio da Memória

A maioria das pessoas vai pensar que precisa memorizar as cartas de acordo com os números e desenhos. Embora você possa fazer isto usando outra técnica de memória, este método específico não se concentra em tais coisas. Ao invés disso, você deve se concentrar na lista de 52 celebridades que você escreveu.

Para tornar o processo de memorização das cartas o mais fácil possível, você pode ordenar sua lista de celebridades com os símbolos já presentes nas cartas. Por exemplo, os diamantes podem ser usados para as celebridades mais ricas que você tem em sua lista. Corações podem corresponder às celebridades que você ama, espadas podem corresponder às celebridades que você realmente não gosta, e copas podem corresponder às celebridades que parecem estar sempre em festa. A seguir, você vai querer combinar suas celebridades com números ímpares ou pares. Em minha experiência, é sempre fácil atribuir que os homens são os números ímpares, enquanto as mulheres são os números pares ou vice-versa. Mais tarde, você pode usar os membros da família real para o rei e a rainha no baralho. Por exemplo, a rainha Elizabeth será a rainha e o príncipe Philip será o rei. Para o coringa, você pode usar tanto Jack Nicholson quanto Heath Ledger, considerando que ambos desempenharam o papel do Coringa nos filmes do Batman. A partir daí, você pode combinar celebridades com números. Por exemplo, você pode achar que as 10 devem ser as celebridades mais poderosas de sua lista. Para os 9, você pode decidir que são suas celebridades favoritas, os 8 podem ser músicos e os 7 podem ser atletas. Tudo depende de como você listou seus nomes. Esta é a melhor maneira de memorizar seu baralho de cartas.

Memorizar e Lembrar

Uma vez que você tenha organizado sua lista e atribuído cada item as cartas, você começará a memorizar seu baralho. Na verdade, você pode usar um palácio da memória ou mesmo um mapa mental para fazer isso. É importante perceber que você não precisa memorizar todas as 52 cartas de uma só vez. Na verdade, você pode criar um plano de memória que será desenvolvido para memorizar todas as cartas. Você pode começar com cinco cartas todos os dias, e tudo bem. No entanto, você também deseja recuperar as cartas que memorizou anteriormente. Portanto, no primeiro dia, você se concentrará nas cinco primeiras cartas. No segundo dia, você se lembrará das cinco primeiras cartas e memorizará as cinco seguintes. E fará isso até atingir as últimas sete cartas.

O Método Militar

Embora os passos associados a este método sejam simples, as discussões sobre se a técnica militar funciona ou não são mais populares do que o método em si. Aqueles que nunca experimentaram esta técnica não deveriam ter uma opinião. Algumas unidades militares vêm utilizando esta técnica há quase um século para desenvolver sua memória fotográfica.

Você tem que começar por estar em uma sala escura com uma lâmpada ao seu lado. Você também deve ter uma folha de papel branco com tamanho suficiente para escrever um parágrafo. Em seguida, pegue uma folha de papel e corte um furo retangular cobrindo um parágrafo de um livro padrão e depois coloque-o em cima da página do livro.

Ajuste sua distância do livro para que seu olhar seja instantaneamente focalizado nas palavras quando você abre os olhos. Fique no escuro por um tempo para acostumar seus olhos ao escuro, depois acenda a luz por uma fração de segundo e a apague novamente. Você terá uma impressão visual nos seus olhos do texto à sua frente. Quando esta impressão desaparecer, acenda novamente a luz por uma fração de segundo e olhe novamente para o texto. Em resumo, você estará sentado em uma sala escura, e acenderá e apagará a luz para memorizar e ver em sua mente as impressões do texto que você está lendo.

Continue fazendo isso até que você possa ler o texto palavra por palavra. Quando você olha para a impressão no escuro, você não está vendo o texto no escuro, mas seu cérebro se lembra de uma impressão virtual de informação e esta é a ideia por trás da memorização do texto. Você gostaria de desenvolver a capacidade de ver rapidamente um texto e poder ver uma impressão dele em sua mente? A questão é que você deve fazer isso por pelo menos 15 a 20 minutos, todos os dias durante 30 dias. Isto melhorará sua capacidade de olhar uma imagem ou uma passagem de texto e memorizá-la instantaneamente.

10. Como Lembrar

Não importa quem você seja, você sempre terá problemas para lembrar de algo, seja o nome de uma pessoa, um lugar, os alimentos favoritos de seus filhos ou qualquer outra coisa. É por isso que é importante fortalecer sua memória fotográfica utilizando as técnicas que discutimos acima. A esta altura, você provavelmente já tentou algumas delas e tem uma ideia de com quais você se sente confortável e com quais você precisa praticar um pouco mais.

Se você ainda não usou um tempo para construir seu primeiro palácio da memória, deve tentar fazê-lo em breve. Embora não seja essencial para este capítulo, quanto mais cedo você começar a construir sua memória fotográfica, mais cedo você será capaz de se lembrar de pedaços de informação que discutiremos aqui. Há duas partes principais neste capítulo. O primeiro envolve aprender a lembrar nomes. Isso aconteceu com todos nós. Encontramos um dos membros da família de nosso parceiro em uma reunião familiar. Então, alguns meses depois, encontramos a pessoa no supermercado mas não conseguimos encontrar seu nome em nosso banco de memória. É claro que isto é um pouco embaraçoso para você, pois ele lembra do seu. Quando isto acontece, muitas vezes você balançará em torno da ideia de como deixá-lo saber que você não lembra o nome dele. Você age como se soubesse, mas nunca diz seu nome ou faz perguntas. Em vez disso, você vai para casa e pergunta a seu parceiro qual é o nome dessa pessoa.

Naturalmente, isto também nos ajuda a lembrar um pouco melhor os nomes. Não se preocupe, isto é uma coisa humana. Embora possamos esquecer um nome inicialmente, quando encontramos o mesmo indivíduo e precisamos trocar piadas com ele novamente, é mais provável que nos lembremos de seu nome porque sentimos que cometemos um erro e não queremos cometê-lo novamente. A segunda parte é lembrar os números. Parece que as pessoas costumavam se lembrar melhor dos números antes da criação dos telefones celulares. Agora, tendemos a lutar um pouco mais com esta atividade porque é muito mais fácil adicionar os dígitos à sua lista de contatos do que memorizá-los.

No entanto, o que acontece quando você deixa o telefone no carro e não tem papel e caneta para anotar o número de uma pessoa que acabou de conhecer em uma loja? Ou então, você está no supermercado e esqueceu o que seu parceiro pediu para você comprar e está com o celular no carro. Claro, você pode correr de volta para o estacionamento, mas o que você fará com seu carrinho cheio de compras? Você pode dar o número a um estranho para que ele possa ligar em seu nome, mas você ao menos sabe o número de telefone celular? Se você é como muitas pessoas que não têm 100% de certeza de qual é o seu número de celular, obviamente você está praticamente condenado.

Lembrar Nomes

Oh, as maravilhas dos crachás! Você já teve que estar em um grande grupo de pessoas e descobriu que os crachás eram uma grande ajuda quando se tratava de lembrar os nomes de cada pessoa lá? Você se lembra quando começou seu primeiro dia de aula e não apenas andou pela sala para se apresentar, mas também tinha seu nome em sua mesa e talvez recebeu um crachá para colocar em sua camisa? Ou você pode ter aprendido sobre os novos colegas de turma de seu filho, observando seus crachás de identificação.

Entretanto, isto não significa que você se lembrará de seus nomes quando os encontrar novamente na peça teatral escolar de seu filho alguns meses depois. Você pode ser capaz de se lembrar onde se encontraram e conversaram, usando um terno azul com sapatos azuis correspondentes, mas o nome pode ter fugido de sua memória. Você também pode se lembrar de algo sobre o caráter da pessoa.

Por exemplo, enquanto estavam sentados do outro lado da sala, podia ouvir quase tudo o que eles estavam dizendo por causa de sua voz alta.

Todos estes exemplos são maneiras de conectar alguém com seu nome. O primeiro é conhecido como *Conexão por Lugar de Encontro*, enquanto o segundo e terceiro exemplos são chamados de *Conexões de Aparência* e *de Caráter*, respectivamente.

Associação por Lugar de Encontro

Quando se trata de conhecer pessoas em um local específico, você pode usar esse local para ajudá-lo a lembrar seus nomes. Esta é uma técnica que você usará, às vezes por meio de sua mente subconsciente, para criar uma associação automática. No entanto, não é uma indicação de que o subconsciente se tornará consciente quando for necessário. Tudo isso acontecerá automaticamente em sua mente. No entanto, você também pode associar outro lugar a certas pessoas por sua própria vontade. Quando você está vendo uma conexão por lugar de encontro por meio de sua mente consciente, está tentando encontrar uma maneira de associar o nome e o rosto da pessoa ao local onde ela está. Por exemplo, você está no parque e sua filha começa a brincar com outra menina da idade dela. Você se aproxima da mãe da outra criança e se apresenta. Você descobre então que o nome da mãe é Clarissa, enquanto o nome de sua filha é Alessandra. Ao conversar com a mãe, tenta encontrar uma maneira de lembrar seus nomes, assim como o lugar onde se encontraram. Pensa em como o nome Clarissa soa como uma bela palavra e depois o conecta ao parque porque acha que é um lugar lindo.

Alguns meses depois você vai passear com sua filha e ela começa a acenar para um par de pessoas que caminham na sua direção. Você reconhece seus rostos, mas não se lembra de seus nomes. Então começa a pensar onde já as viu antes e lembra que foi no parque. É quando a palavra "bela" lhe vem à mente e lembra que o nome da mãe é Clarissa. Então pode se lembrar que o nome da filha é Alessandra.

Quando encontrar as duas na calçada, já saberá seus nomes novamente.

Esta situação também pode ocorrer de forma inconsciente. Por exemplo, através de sua mente inconsciente, você pode simplesmente colocar os rostos dentro do parque e depois lembrar os nomes. Isto significa que você não pensou em associar os nomes com o parque; em vez disso, tudo aconteceu em sua mente enquanto você estava falando com a mãe de Alessandra, Clarissa.

Associação por Aparência

Assim como na conexão por lugar de encontro, você pode associar nomes e aparências, seja inconscientemente ou conscientemente. Quando você usa a conexão por aparência, você está conectando uma parte da aparência física da pessoa que você acha interessante com seu nome.

Quando as pessoas usam a conexão por aparência, elas têm o cuidado de observar todas as características físicas da pessoa. Embora você possa observar qualquer coisa que a pessoa estiver usando, especialmente se isso realmente se destacar, é mais comum observar características físicas, como cor do cabelo, olhos, sorriso, etc.

Suponha que você vá à sociedade histórica ou museu local porque precisa falar com um dos funcionários sobre a doação de alguns documentos antigos que seus bisavôs trouxeram com eles quando imigraram da Noruega para os Estados Unidos. Quando você entra no museu, você vê uma moça no balcão de entrada. A primeira coisa que você percebe nela é que ela tem os cabelos roxos. Quando começa a explicar o motivo da visita, descobre que seu nome é Valentina e que ela é a pessoa a quem tem que entregar os documentos. Você diz que trará os documentos para o museu dentro de alguns meses, quando voltar de sua viagem. Ela lhe diz que quando voltar, tudo o que deve fazer, é dizer a quem quer que esteja sentado no balcão de entrada, que precisa vê-la e que não tem que pagar a taxa de admissão se não quiser fazer uma visita ao local. Então ela lhe agradece e vai embora.

Ao retornar ao museu após alguns meses, você percebe que não se lembra do nome da funcionária. Entretanto, você sabe que alguém será capaz de dizer com quem deve falar. Quando você entra no museu e vê um homem no balcão de entrada, você se lembra que uma mulher de cabelos roxos costumava sentar-se ali e seu nome era Valentina.

A conexão por aparência também pode funcionar se você conhecer alguém em um lugar diferente. Por exemplo, voltou de sua viagem, mas ainda não chegou à sociedade histórica e ao museu. Entretanto, ao ir às compras, você vê alguém cujo rosto lhe é familiar. Ela sorri para você e depois nota seus cabelos roxos. Depois você lembra que é Valentina, do museu.

Associação por Personalidade

A associação por personalidade funciona como a associação por aparência; porém, em vez de lembrar o nome de alguém por causa de suas características físicas, você pode se lembrar de algo especial sobre seu caráter. Como as outras formas de conexão, pode acontecer inconscientemente ou conscientemente.

Digamos que você encontre alguém chamado Roger Nelson enquanto espera no supermercado. Você começa a falar com ele enquanto espera na fila do caixa, que estava tentando consertar a caixa registradora. Nem você nem Roger estavam com pressa, e você não se importou em esperar, então você permitiu que outras pessoas entre vocês passaram para outras caixas registradoras que estavam abertas e funcionando. Quando começa a falar com Roger, fica sabendo que ele estava ensinando psicologia na universidade local. Também descobre que ele tem três filhos que frequentam a mesma escola que seus filhos. Na verdade, seu filho está apenas um ano adiante de sua filha. Enquanto continuam a falar, percebe que Roger está prestes a viajar para a Itália. Você já esteve na Itália, então começa a dizer a ele quais lugares ele deve visitar. Quando o caixa começa a funcionar novamente e ele começa a pagar, descobre também que acabou de se mudar de Londres, na Inglaterra, por isso ele tem um sotaque forte.

Alguns meses depois, está na peça da escola de sua filha quando vê um homem com um rosto familiar. Ele sorri e começa a falar com você. É quando reconhece seu sotaque. Então lembra que estava indo visitar a Itália, o que o faz perceber que o nome dessa pessoa é Roger. Como todas as informações que soube sobre ele voltaram, você pergunta sobre sua viagem, se ele está gostando da cidade e se sente falta de Londres.

Neste exemplo, você verá que não precisa

simplesmente associar um nome a uma característica. A verdade é que você também pode fazer isso com partes de uma conversa inteira. A forma como você associar o nome por meio de uma associação de personalidade, vai depender do que você pode ou não achar interessante sobre a pessoa.

Memorizar Números

Quando se trata de números, a pessoa média pode se lembrar de cinco a nove números. Embora a maioria das pessoas não tenda a se concentrar em melhorar sua memória com números, isso é tão importante quanto os nomes. Isso ocorre porque os dígitos são encontrados em toda parte em nossa vida. Eles não são encontrados apenas em números de telefone, mas também em casa, contas bancárias e despesas. Na verdade, se quisermos pagar por algo online, devemos fornecer os números do cartão de débito ou crédito. Quantas vezes você foi solicitado a fornecer o número do seu cartão de crédito, mas não pode fornecê-lo imediatamente porque você não o tem com você? Em vez disso, você precisa ir para o seu quarto para pegar o cartão na carteira. Ou você está ao telefone com uma operadora para ativar um serviço e precisa fornecer dados pessoais e, mesmo neste caso, você não consegue se lembrar e precisa ir até seu quarto para encontrá-los. Se você já passou pela mesma situação, sabe como isso é irritante, não apenas para você, mas também para a pessoa do outro lado da linha. Todos têm suas vidas ocupadas, portanto, quanto mais rápido você fornecer seus dados pessoais ao interlocutor, mais rápido poderá se concentrar em outra coisa. Como mencionado antes, você não deve se concentrar em repetir os números continuamente por um período de tempo, pois é muito provável que eles acabem na sua memória de curto prazo. Mesmo que isso funcione, se você decidir anotar números, muitas vezes podemos sentir como se tivéssemos repetido o número por tempo suficiente para lembrá-lo. Porém, quando chegar a hora e você tiver que se lembrar disso, não será capaz de recuperar todas as partes ou mesmo o número inteiro. Portanto, você deve tentar outras técnicas que lhe permitirão transferir os dígitos de sua memória de curto prazo para a de longo prazo. Isso é algo que você deve praticar com frequência, para que as informações em sua mente não comecem a diminuir em alguns meses.

Inicialmente, informarei que você pode usar o método de palavra-chave rítmico para lembrar números. Como já discutimos essa técnica, não a explicarei novamente. No entanto, acho importante mencioná-lo novamente porque as pessoas normalmente usam o método quando querem se lembrar de dígitos.

Aqui estão algumas outras práticas que você pode experimentar.

A Técnica da Viagem

Uma das técnicas para lembrar uma longa série de números, como um número de cartão de crédito ou um número de conta, é o *Método de Viagem*. Isso é semelhante a criar um palácio da memória. No entanto, em vez de usar um quarto, é mais provável que você faça uma viagem. Por exemplo, se você dirige meia hora para trabalhar cinco dias por semana, pode dizer que esta é a sua viagem.

Você começará observando a estrada de perto pela manhã, para estar ciente de todos os pontos de referência em seu caminho.

A partir daí, você pode associar um número a cada ponto de referência. Esta técnica combina o fluxo narrativo do Método de Vinculação e a estrutura e ordem dos sistemas de palavras-chave em um sistema muito poderoso.

Essa técnica é útil quando você faz a rota com frequência porque pode se lembrar bem das associações. Além disso, você começará a se tornar mais consciente de seu entorno enquanto dirige de e para seu trabalho.

Método das Formas Numéricas

Há algumas maneiras de usar o *Método de Formas*

Numéricas. Embora o fator principal seja que você queira associar um número a uma letra, você pode decidir que formato os números tomarão. Por exemplo, como o número 5 parece um S, muitas pessoas tendem a ligar os dois juntos. No entanto, quando se trata do número 1, você pode escolher entre T e D. Naturalmente, você também pode decidir associar o L com o número 1. Com tantas coincidências para escolher, você pode querer anotar a lista.

Como as formas são limitadas, muitas pessoas gostam de associar os números com as formas das letras. No entanto, você também pode optar por criar uma lista de formas e associá-las a números. Geralmente, você deve corresponder aos primeiros 9 números mais 0 (zero) com as formas porque você pode simplesmente duplicar as formas se você tiver um número duplo. Se 0 é um círculo e 4 é uma estrela, por exemplo, para dizer 40, você pode colocar a estrela e o círculo juntos. Outras pessoas gostam de associar os números com as letras porque há 26 letras e 9 números de um dígito. Isto significa que você pode vincular mais de uma letra a um número. Isso geralmente ajuda as pessoas a se lembrarem de palavras ou frases-chave. Eles também usarão este sistema para lembrar partes de uma história que ouviram no passado. Por exemplo, você pode fazer a palavra BESO do espanhol dizendo que 8 parece um B, 3 parece um E, 5 parece um S, e 0 parece um O.

11. Continue Construindo Sua Memória

A memória fotográfica não é um dom com o qual você nasceu. Você nasceu com seu banco de dados de memória, mas precisa usar mnemônicos para melhorá-lo. Além disso, a memória fotográfica é semelhante ao uso de um músculo. Se você não continuar usando, você pode atrofiar mais cedo ou mais tarde.

Portanto, é importante garantir que você continue a construir sua memória por meio de métodos diferentes.

Muitas vezes é por isso que as pessoas começam com estratégias básicas e depois passam para estratégias mais avançadas. Eles estão aumentando lentamente sua memória fotográfica, em vez de forçá-la a desaparecer o mais rápido possível.

Dicas para ajudá-lo a ter mais Sucesso

Há muitos fatores que ajudam a melhorar sua memória fotográfica. Você não só precisa usar os métodos, mas também conhecer certas informações sobre como ter sucesso ao usá-los. É para isso que servem estas dicas. Eles estão aqui para seu benefício, para que você possa alcançar seu potencial máximo à medida que melhora sua memória fotográfica.

Permanecer Concentrado

Um dos maiores problemas das pessoas que estão trabalhando para melhorar sua memória fotográfica é que não conseguem manter o foco. Permitem que sua mente divague enquanto tentam trabalhar as técnicas ou lembrar informações. Pior ainda, eles podem até começar a ficar entediados com um determinado método.

Às vezes, você precisa perceber que, se começar a perder o interesse por uma técnica, não deve se concentrar nela. Sua concentração pode estar sofrendo porque você não está interessado nessa técnica. Este é o lado bom de ter vários métodos disponíveis, na verdade podemos escolher os mais interessantes e escolher o que funciona para nós.

Outra razão pela qual você pode achar difícil manter o foco é porque você vem trabalhando ou praticando a mesma técnica há muito tempo. Mesmo que seja bom treinar, você precisa ter certeza que não aconteça com muita frequência. Na verdade, algumas pessoas sugerem que você deve reservar um tempo todos os dias para se concentrar em melhorar sua memória, mas não exagerar. Se você se concentrar demais em uma técnica, começará a se sentir cansado e oprimido e perderá o interesse por ela. Mais tarde, isso pode fazer você sentir que não deveria tentar melhorar sua memória. Para evitar esse problema, você deve ir com calma e fazer uma pausa sempre que precisar. O maior problema que você pode ter com uma pausa, geralmente ocorre se você estiver no meio da criação de um palácio da memória. A maioria das pessoas lhe dirá para não interromper quando estiver fazendo isso porque provavelmente você precisará reiniciar. Dependendo da força de sua memória, você pode fazer uma pausa e recomeçar assim que tiver mais energia para terminar o palácio da memória. No entanto, se você tiver dificuldade em criar um do zero, não terá escolha a não ser concluí-lo sem interrupção.

Na verdade, a decisão depende do que você deseja fazer. Um fator a considerar é se você será capaz de se lembrar da criação de seu palácio mental quando estiver lutando para manter o foco. Se você acha que será difícil ter isso em mente quando retornar para recuperar as informações, pare de se concentrar e deixe-as ir imediatamente. Caso não queira desistir, você sempre pode reservar um tempo para anotar as informações que já passou. Pode ajudá-lo a se lembrar de coisas quando decidir voltar para terminar o palácio da mente.

Reserve um Tempo todos os Dias

A única maneira de você realmente melhorar sua memória fotográfica é dedicar um tempo todos os dias para trabalhar em sua memória. Lembre-se de que você precisa se concentrar em construir sua memória lentamente, pois isso permitirá que você se lembre das informações que armazenou anteriormente em sua mente e o ajudará a se sentir mais confortável ao iniciar o processo de construção de memória

Ao mesmo tempo, quanto mais você se esforça para aprender em um ritmo rápido, menos provável será que possa se lembrar de algo. Pense em como você estudou para os exames na escola. Se você estudou sob pressão, provavelmente não lembrava bem das aulas, mesmo que tentasse memorizar algumas delas. O mesmo acontece quando você está tentando usar muitas técnicas de memorização em um curto período de tempo, ao invés de aprendê-las lenta, mas continuamente.

Não se Permita Procrastinar

Uma das principais chaves para garantir que você possa melhorar sua memória fotográfica através destas técnicas é evitar a procrastinação. Você quer ser eficiente, especialmente se estiver usando qualquer uma destas técnicas para memorizar qualquer informação que apareça em seu exame. Afinal, ao procrastinar, você precisará aprender as coisas rapidamente e em um curto espaço de tempo. Você sentirá então que está se forçando a memorizar muitas informações em seu cérebro, o que, como indicado acima, não é o que você deveria estar fazendo.

Além disso, quando você estiver em procrastinação, você sentirá que todo o seu trabalho está se amontoando. Mesmo que você tivesse tempo suficiente para aprender tudo, por causa da procrastinação, agora você se sente estressado. Como você provavelmente se lembra, o estresse afetará negativamente sua memória, especialmente se for crônico. Há algumas pessoas que podem funcionar bem durante os exames, quando só são confrontadas com ao estresse agudo. Infelizmente, muitas pessoas vivem vidas tão ocupadas e têm tantas coisas que ficam naturalmente estressadas. Portanto, quando adicionamos algo mais à mistura, apenas nos estressaremos mais do que o normal.

Descubra as Técnicas para Uma Melhor Concentração

Embora já tenhamos falado sobre a necessidade de manter o foco, é hora de falar sobre as coisas que permitirão que você faça isso acontecer. No entanto, encontrar as técnicas para garantir que você permaneça focado pode acontecer mesmo que você não tenha problemas para manter o foco. Por exemplo, muitas pessoas podem se concentrar mais se ouvirem ruídos de fundo. Se for esse o caso, você pode colocar uma música de fundo quando estiver trabalhando, pois isso o motivará a concluir um projeto. Ao mesmo tempo, outras pessoas sentem que não podem fazer isso, pois os sons interferem em sua capacidade de lembrar coisas. Portanto, neste caso, a música pode não ser a melhor ferramenta de concentração para você. Logo, você pode encontrar outra técnica para manter o foco, como caminhar ou anotar informações, meditar ou ficar sozinho em um lugar.

Mantenha-se Sempre no Controle

Há momentos em que sentimos que estamos perdendo o controle. Quando isto acontece, podemos sentir o caos dentro de nossas cabeças. Esta situação não é boa quando você está tentando aprender as técnicas para melhorar sua memória fotográfica. Se sua mente não estiver estruturada e organizada, talvez você não consiga lembrar todas as informações que vê. Isto fará você se sentir mais frustrado ao tentar memorizar as coisas usando técnicas diferentes, o que pode levar a outros problemas. Portanto, quanto mais você se sente no controle, mais sucesso você pode ter ao se lembrar das coisas.

Praticar a Autodisciplina

Muitas pessoas esquecem a diferença entre disciplina e autodisciplina, que muitas vezes é a razão pela qual não se lembram de ser autodisciplinados quando se trata de seu estilo de vida. No entanto, este é um dos conselhos mais importantes que você encontrará neste capítulo.

Quando você tenta ensinar a si mesmo a autodisciplina, você tentará se comportar de uma certa maneira. Por exemplo, se você quiser reservar tempo todos os dias para praticar suas técnicas de memorização fotográfica, você deve dizer a si mesmo que tem que fazer isso. Mesmo que você esteja cansado ou não interessado em praticar suas habilidades de memória por 5 ou 10 minutos, você o fará de qualquer jeito porque já se condicionou a fazê-lo. Quando se trata de autodisciplina, há muitos passos importantes que você deve dar para dominá-la. Por exemplo, você pode ver essa lista como uma série de etapas a serem concluídas ou vê-las como dicas que podem orientá-lo em direção ao seu objetivo de se tornar uma pessoa autodisciplinada. ou vê-las como dicas que podem orientá-lo em direção ao seu objetivo de se tornar uma pessoa autodisciplinada. Independentemente do que você decida fazer, é importante saber que, assim que o processo de autodisciplina começar, você notará uma mudança ao longo do dia. Afinal, a autodisciplina não se concentrará apenas em suas técnicas de memorização, mas também em outros fatores de sua vida, como fazer exercícios, comer direito e acordar na hora em que você definir o despertador.

1. Certifique-se de ter em mente uma meta ou visão

Você quer saber exatamente para o que está trabalhando, então certifique-se de conhecer as técnicas de autodisciplina que podem ajudar a melhorar sua memória. Você pode estar fazendo isso para uso diário, para ajudar a diminuir suas chances de contrair uma doença, ou porque você quer participar de um torneio de memória. Qualquer que seja seu objetivo, você deve ter um objetivo pelo qual trabalhar; caso contrário, seu esforço pode se perder pelo caminho.

2. Tente desenvolver a autodisciplina com um amigo ou familiar

As chances são altas de que você encontre alguém que precisa melhorar sua autodisciplina. É mais provável que você continue trabalhando em alguma coisa se tiver outra pessoa fazendo o mesmo ao seu lado. Também é menos provável que você perca o interesse se transformar isso em algum tipo de competição com uma pessoa amada. No entanto, se não houver ninguém com quem você possa fazer isso, você pode definir metas diárias que deve cumprir antes de passar para a próxima.

3. Esteja 100% comprometido em desenvolver sua autodisciplina

É muito típico que uma pessoa tenha uma ideia, ache que é ótima e queira realizá-la, mas depois perceba que essa ideia não é algo que realmente lhe interessa. Por causa disso, não estará comprometido com a tarefa que iniciou.

Às vezes, pode tentar continuar trabalhando nisso, mas uma vez que comece a parecer forçado, vai perceber que não quer trabalhar nisso de jeito nenhum.

Outras vezes, se pegará fazendo uma pausa e esquecendo o que já fez, então terá que começar de novo. No entanto, como não está comprometido, não tem certeza do que deseja fazer.

Antes de começar a trabalhar para desenvolver sua autodisciplina ou melhorar sua memória fotográfica, você deve garantir que está totalmente comprometido com a tarefa. A esta altura, você já leu a maior parte deste livro e provavelmente já decidiu qual é o seu compromisso, portanto, mantenha-o.

4. Lembre-se de que quanto mais fiel você for ao seu compromisso de alcançar seus objetivos, mais desejará alcançá-los.

Muitas pessoas não pensam em ser responsáveis por suas ações. No entanto, se você fizer isso, especialmente quando se concentrar no desenvolvimento de sua autodisciplina, terá mais probabilidade de realizar as tarefas que estabeleceu para si mesmo.

Agora você tem todas as ferramentas de que precisa para ser responsável por suas ações. Tudo que você precisa fazer é usá-las. Ser responsável por suas ações é uma ótima maneira de demonstrar isso. Você também pode assumir a responsabilidade configurando um sistema de recompensas.

Por exemplo, se você completar a tarefa que foi definida naquele dia, você pode assistir a um bom filme. Caso não o faça, você deve evitar até mesmo fazer login na plataforma.

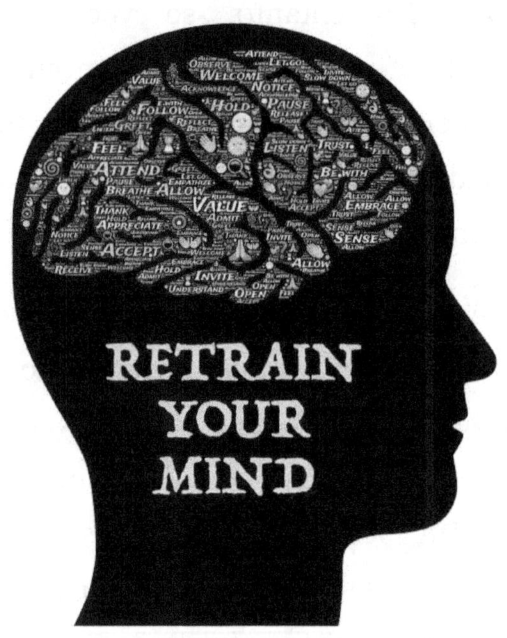
RETRAIN
YOUR
MIND

12. A Prática Leva à Perfeição

Você pode pensar neste capítulo como um bônus para ajudá-lo a começar com algumas técnicas. Apresentarei algumas delas que ainda não discutimos oficialmente. Espero que, por meio deste capítulo, você possa começar a aprimorar sua memória fotográfica em seu próprio ritmo.

Exercício #1: Lembrar Nomes

Leia a história a seguir e use as três técnicas de associação por lugar de encontro, personalidade e aparência - para lembrar o nome do apresentador.

Donnie estava atrasado quando chegou ao prédio para a apresentação. Ele estava lá em nome de seu supervisor. Embora Donnie nunca tivesse conhecido o apresentador, seu supervisor era muito amigo dele. Como Donnie estava atrasado para o encontro, não se interessou por um panfleto informativo ao lado da porta, que poderia mostrar o nome do apresentador. Ele entrou na sala e sentou-se em silêncio, pois a apresentação já estava

começando. Quando ele terminou, Donnie teve sua vez de se encontrar com o apresentador. No entanto, a primeira coisa que ela notou foi que o homem estava vestido com um terno marrom e meias azuis. Donnie também viu que o apresentador tinha um piercing no lábio e uma grande aliança no dedo.

"Você deve ser Donnie"; disse o anfitrião com um notável sotaque de Nova York. "Eu sou Fred Matthews. É um prazer te conhecer." Donnie sorriu e falou brevemente com Fred antes de voltar ao trabalho.

Exercício #2: Palácio da Memória

Para este exercício, você se concentrará na criação de um palácio da memória. Claro, se você já criou um e não está confortável com a ideia, não precisa fazer este exercício imediatamente. No entanto, você ainda deve tentar este exercício quando estiver pronto para criar seu próximo palácio da memória.

Neste ponto, você vai se concentrar em um cômodo de sua casa. Também listará as técnicas que você pode usar para melhorar sua memória fotográfica. Você será capaz de associar palavras-chave a um item em seu palácio mental. Por exemplo, se você deseja ser mais paciente porque sabe que terá problemas com um processo lento e constante, sua palavra-chave pode ser "paciência". Se você precisa limitar seu estresse, use "estresse" como palavra-chave.

Antes de começar, anote suas informações. Isso o ajudará a garantir que está usando uma determinada ordem, talvez da mais importante para a menos importante. Você também deve digitar as palavras-chave para não ter que pensar sobre tudo isso ao passar para o próximo item em seu palácio de memória.

Técnica Adicional: A Abordagem Baseada na Emoção

Agora você sabe que as emoções são uma grande parte do processo de lembrar informações. Afinal, nossos cérebros têm mais probabilidade de armazenar dados quando estão ancorados em sentimentos. No entanto, isso não significa que você tenha de vincular suas emoções a cada informação que retém em seu banco de memória. Existe uma técnica que mostra como as emoções são importantes quando se trata de nossa memória.

Para ancorar uma emoção em alguns detalhes, você deve realmente senti-la. Por exemplo, quando você está pensando sobre uma situação, você deve vivenciá-la. Ao mesmo tempo, você precisa se lembrar de que seu cérebro não realiza multitarefas tão bem quanto muitas pessoas pensam. É muito melhor para a sua memória se você se concentrar em apenas uma informação por vez. Dessa forma, você será capaz de estabelecer uma conexão melhor do que quando está tentando sentir a emoção. Agora, vou lhe contar uma história cheia de emoções. Enquanto lê, quero que você entre em sintonia com seus próprios sentimentos. Imagine como você se sentiria se fosse a garota da história. Você também deve imaginar como ela é, quais são suas expressões faciais, quais são seus modos, e assim por diante. Pense nisso como um filme em sua mente, pois esta ideia o ajudará a entrar mais facilmente em contato com suas emoções.

Já fazia mais de uma década desde que Alessandra parou na porta da casa de campo dos avós. Isso permitiu que sua mente voltasse ao tempo quando ele tinha 15 anos e mantinha seu instrumento de banda. Quando Alessandra colocou o clarinete na prateleira, ela ouviu a secretária da escola dizer pelo interfone: "Sr. Cardinale, você poderia enviar Alessandra até o escritório? "

Alessandra cumprimentou sua professora enquanto caminhava para o escritório. Durante todo o tempo, ela se perguntava o que havia feito. Alessandra era uma boa garota e quase nunca tinha tido nenhum problema. Quando ela virou a esquina do corredor, ela viu sua mãe parada bem do lado de fora do escritório do diretor. Ela estava prestes a perguntar o que aconteceu quando sua mãe lhe disse com lágrimas nos olhos: "Você tem que voltar para casa, seu avô teve um ataque cardíaco e está no hospital. Alessandra ficou ali por alguns segundos, tentando encontrar palavras. A única coisa que ela conseguiu pensar em dizer foi: "Vovô?"

Sua mãe assentiu enquanto Alessandra repetia essa palavra em sua cabeça. Lentamente, ela voltou ao seu armário para pegar a mochila, o esquadro e o compasso. Alessandra disse a si mesma que era a avó que estivera doente todos esses anos. Como seu avô, que parecia saudável, poderia ter um ataque cardíaco? Além disso, ele ainda era jovem. Ele tinha apenas 68 anos.

Na semana seguinte, o avô de Alessandra faleceu. Agora, 12 anos depois, Alessandra voltou na casa. Não havia estado lá desde alguns meses após a morte de seu avô e sua família veio buscar os móveis para um leilão. Ela passou os dedos por cima de uma rachadura em um velho armário de madeira. Depois, ela deu mais alguns passos para dentro de casa. A primeira coisa que ele conseguiu lembrar foi como seu avô tocava o violão em seu quarto no andar de cima, mas ele era ouvido em toda a casa. Alessandra sorriu enquanto se lembrava de subir os sólidos degraus até seu quarto e sentar-se ao lado dele na cama enquanto ele cantava uma canção boba para ela.

Em seguida, Alessandra procurou onde a mesa de jantar costumava estar na cozinha. Ela se lembrava que eles sempre tinham um grande banquete aos domingos. Todos vinham então, pois havia bruschetta, massa, frango, molhos, batatas assadas, aipo, molhos quentes. Ele respirou fundo e quase conseguia sentir o gosto da comida.

Alessandra continuou andando pela casa. Às vezes ela parava e pensava em algumas lembranças de sua infância. Outras vezes, ela olhava para o quanto havia mudado o lugar, especialmente todas as garrafas de álcool vazias de quando as pessoas tinham festejado lá. Ela começou a recolhê-las até que notou o quarto no canto. Desde que Alessandra era pequena, ela nunca gostou do armário daquela sala. Mesmo querendo entrar por apenas um minuto, ela também não queria ver aquele armário. Alessandra nunca entendeu por que aquele armário a fazia sentir-se desconfortável. Mas agora, ela queria se concentrar mais na coleta de todas as garrafas vazias porque elas não pertenciam à casa de seu avô.

Entretanto, quando pegou uma garrafa, Alessandra percebeu que isso não importava mais. Mesmo este lugar ainda pertencendo a sua mãe, era também uma casa de festas, quer ela gostasse ou não. Não importa quantas garrafas de cerveja ela recolhesse, ela continuaria a encontrar mais quando a visitasse novamente.

Quando Alessandra voltou para seu carro, ela deu uma última olhada na casa e no quintal. Ela viu o velho balanço e sorriu: "Tive uma infância maravilhosa", disse a si mesma antes de partir.

Conclusão

Há um grande debate no campo da psicologia sobre a existência ou não da memória fotográfica. Algumas pessoas dizem que não porque manipulamos nossa mente para lembrar certas coisas com estratégias diferentes. Outros tendem a confundir com a memória eidética, embora seja um problema mais comum em crianças do que em adultos (Foer, 2016). No entanto, muitas pessoas dizem que a memória fotográfica existe e que simplesmente não é devidamente compreendida. Afinal, não funciona como olhar uma fotografia. Em vez disso, você deve usar técnicas para lembrar o que já está em seu banco de memória. No entanto, agora que você aprendeu uma variedade de estratégias para aumentar sua memória fotográfica, é hora de você decidir por si mesmo: a memória fotográfica existe ou não?

Por meio das técnicas básicas e avançadas que

aprendeu neste livro, você deve ser capaz de melhorar sua memória. Talvez você não encontre isto de imediato. Também pode levar um pouco de tempo para compreender e usar as ideias de forma natural. Entretanto, com paciência e determinação, você pode superar qualquer problema e começar a melhorar sua memória.

Você não só aprendeu o que é memória, mas também observou as três fases da memória e como o processo de memória poderia ser interrompido. Ao mesmo tempo, aprendeu sobre os diferentes tipos de memória, com um foco especial na memória fotográfica. É claro que conseguiu ter uma ideia dos benefícios que a memória fotográfica lhe trará porque, como muitas pessoas sabem, você sempre vai querer entender por que deve trabalhar para conseguir algo. As razões descritas neste livro, tais como poder ter um melhor desempenho acadêmico, aumentar sua confiança, tornar-se mais consciente e lembrar melhor de informações específicas são apenas algumas das razões pelas quais você deve construir sua memória fotográfica.

Melhorias no estilo de vida também são outra forma de trabalhar para melhorar sua memória. Na verdade, quando você dorme o suficiente e se exercita, criar seu próprio palácio da memória se torna mais fácil do que você imagina. Junto com isso, você também sabe como criar seu próprio mapa mental e entender como funcionam os mnemônicos. Este é um ótimo começo para certificar-se de que você entende as técnicas básicas e avançadas discutidas neste livro, do princípio SEE ao método baseado na emoção.

É importante que você saiba que seu aprendizado não para por aqui. Na verdade, você pode continuar a construir sua memória por meio dos meus próximos dois livros desta série. O segundo livro, chamado *Treinamento da Memória*, se concentra no treinamento do cérebro e os jogos de memória. Em seguida, vem o terceiro, que será conhecido como *Aprimoramento da Memória*. O último se concentra em hábitos saudáveis que você pode implementar em sua vida para construir sua memória. No entanto, devido a que este é o primeiro livro da série, você quer dedicar seu tempo para entender pelo menos algumas das técnicas mencionadas nos capítulos anteriores.

Além disso, pode haver alguns - como o método do automóvel ou a técnica de vinculação - que você não gosta só porque não se ajustam à sua personalidade. Ainda assim, lembre-se de que você nunca deve parar de melhorar sua memória. Mesmo que você se encontre participando de uma competição de memória ao redor do mundo, você quer continuar a ter a melhor memória possível. Isto não só o ajudará a lembrar uma variedade de informações ao longo de sua vida, mas também poderá diminuir suas chances de desenvolver distúrbios cognitivos, tais como demência e doença de Alzheimer.

Seu cérebro é uma das partes mais importantes de seu corpo. Portanto, você deve fazer tudo que estiver ao seu alcance para mantê-lo ativo e saudável. Ao fazer isso, você pode realizar mais coisas, sentir-se mais energizado e melhorar seu bem-estar mental e físico.

Do meu ponto de vista, não há nada de errado em tirar pelo menos 15 minutos do seu dia para ter certeza de que está fazendo tudo o que pode para permitir que seu cérebro continue a funcionar da melhor maneira.

Ter uma memória fotográfica desenvolvida é uma habilidade única que lhe dará uma vantagem sobre todas as pessoas ao seu redor.

UPGRADE YOUR MIND -> zelonimagelli.com

UPGRADE YOUR BUSINESS -> zeloni.eu

Seu aprendizado não termina com este livro! Você pode continuar a construir sua memória com os próximos dois livros desta série. O segundo, *Treinamento da Memória*, concentra-se em treinar seu cérebro e jogos da memória. O terceiro livro, *Melhorias da Memória*, concentra-se em hábitos saudáveis que você pode incorporar em sua vida para melhorar um pouco mais sua memória.

Referências Bibliográficas

Alban, D. (2018). *36 Proven Ways to Improve You Memory*. Retrieved from https://bebrainfit.com/improve-memory/

Beasley, N. (2018). *Difference Between Eidetic Memory And Photographic Memory*. Retrieved from https://www.betterhelp.com/advice/memory/difference-between-eidetic-memory-and-photographic-memory/

Boureston, K. (n.d.). *How to Develop a Photographic Memory: The Ultimate Guide*. Retrieved from https://www.mantelligence.com/how-to-develop-a-photographic-memory/

Buzan Tony, Buzan Barry (2018). *Mappe mentali. Come utilizzare il più potente strumento di accesso alle straordinarie capacità del cervello per pensare, creare, studiare, organizzare*

Foer, J. (2016). *Slate's Use of Your Data*. Retrieved from https://slate.com/technology/2006/04/no-one-has-a-photographic-memory.html

Friedersdorf, C. (2014). *What Does it Mean to 'See With the Mind's Eye?'*. Retrieved from https://www.theatlantic.com/health/archive/2014/12/what

-does-it-mean-to-see-with-the-minds-eye/383345/

Improve Your Memory With a Good Night's Sleep. (n.d.). Retrieved from https://www.sleepfoundation.org/excessive-sleepiness/performance/improve-your-memory-good-nights-sleep

Kubala, J. (2018). *14 Natural Ways to Improve Your Memory.* Retrieved from https://www.healthline.com/nutrition/ways-to-improve-memory

Lerner, K. (n.d.). *Hook Line & Sinker - Secrets to a Great Memory Hook.* Retrieved from https://www.topleftdesign.com/blog/2009/11/hook-line-sinker-secrets-to-a-great-memory-hook/

Mcleod, S. (2013). *Memory, Encoding Storage and Retrieval.* Retrieved from https://www.simplypsychology.org/memory.html

Memory Process - encoding, storage, and retrieval. (n.d.). Retrieved from http://thepeakperformancecenter.com/educational-learning/learning/memory/classification-of-memory/memory-process/

Memory Techniques - Association, Imagination and Location. (n.d.). Retrieved from https://www.academictips.org/memory/assimloc.html

Method of Loci - Increase Memory Using your Home's

Map. (2011). Retrieved from https://www.mind-expanding-techniques.net/memory-strategies/method-of-loci/

Mind Mapping - How to Mind Map. (n.d.). Retrieved from https://www.mindmapping.com/

Mind Mapping Basics. (n.d.). Retrieved from https://simplemind.eu/how-to-mind-map/basics/

Mohs, R. (n.d.). *Improving Memory: Lifestyle Changes.* Retrieved from https://health.howstuffworks.com/human-body/systems/nervous-system/improving-memory1.htm

Negroni, J. (2019). *How to Memorize More and Faster Than Other People.* Retrieved from https://www.lifehack.org/articles/productivity/how-memorize-things-quicker-than-other-people.html

Pinola, M. (2019). *The Science of Memory: Top 10 Proven Techniques to Remember More and Learn Faster.* Retrieved from https://zapier.com/blog/better-memory/

Qureshi, A., Rizvi, F., Syed, A., Shahid, A., & Manzoor, H. (2014). *The method of loci as a mnemonic device to facilitate learning in endocrinology leads to improvement in student performance as measured by assessments.* Retrieved from https://www.ncbi.nlm.nih.gov/pmc/articles/PMC4056179/

Step 3: Memory Retrieval | Boundless Psychology. (n.d.). Retrieved from https://courses.lumenlearning.com/boundless-psychology/chapter/step-3-memory-retrieval/

The Good And Bad Things. (n.d.). Retrieved from https://photographic-memory-science.weebly.com/the-good-and-bad-things.html

The Journey Technique: – Remembering Long Lists. (n.d.). Retrieved from https://www.mindtools.com/pages/article/newTIM_05.htm

The Study of Human Memory. (n.d.). Retrieved from http://www.human-memory.net/intro_study.html

Types of Memory. (n.d.). Retrieved from https://learn.genetics.utah.edu/content/memory/types/

Types of Memory | Boundless Psychology. (n.d.). Retrieved from https://courses.lumenlearning.com/boundless-psychology/chapter/types-of-memory/

Wik, A. (2011). *How To Remember Anything Forever with Memory Hooks.* Retrieved from https://roadtoepic.com/remember-anything-forever-with-memory-hooks/